儒家

修身养性大智慧

孔子学堂

欧阳彦之 ◎ 著

台海出版社

图书在版编目(CIP)数据

修身养性大智慧 / 欧阳彦之著.--北京:台海出版社,
2015.3(2023.4 重印)

(孔子学堂)

ISBN 978-7-5168-0599-2

Ⅰ. ①修… Ⅱ. ①欧… Ⅲ. ①儒家②《论语》-通俗
读物 Ⅳ. ①B222.2-49

中国版本图书馆 CIP 数据核字(2015)第 062482号

修身养性大智慧(孔子学堂)

著　者:欧阳彦之

责任编辑:阴　鹏

装帧设计:张红伟　　　　　　版式设计:通联图文

责任校对:唐思磊　　　　　　出 版 人:蔡　旭

出版发行:台海出版社

地　　址:北京市朝阳区劲松南路1号　邮政编码:100021

电　　话:010-64041652(发行,邮购)

传　　真:010-84045799(总编室)

网　　址:www.taimeng.org.cn/thcbs/default.htm

E-mail:thcbs@126.com

经　　销:全国各地新华书店

印　　刷:北京一鑫印务有限责任公司

本书如有破损、缺页、装订错误,请与本社联系调换

开　　本:710mm×1000 mm　　　1/16

字　　数:200千字　　　　　　　印　张:15

版　　次:2015年5月第1版　　　印　次:2023年4月第2次印刷

书　　号:ISBN 978-7-5168-0599-2

定　　价:58.00元

前言

　　孔子,我国古代伟大的思想家和教育家,儒家学派创始人,世界最著名的文化名人之一。他一生从事传道、授业、解惑,被人们尊称为"至圣先师,万世师表",他的智慧震古烁今,光照千秋。

　　孔子修《诗》《书》,定《礼》《乐》,序《周易》,作《春秋》,为我国古代文化的发展作出了伟大贡献。他的思想被历代人们奉为圭臬,视为经典,是真正傲视百代的大智慧。

　　公元前551年,孔子诞生。孔子3岁的时候,父亲死了,不到17岁时,母亲死了,自此,孔子成了孤儿。

　　孔子自幼奋发图强、为人谦逊,为家族与乡里所器重。孔子19岁时,族人为他娶了妻子,一年后,儿子孔鲤出生。

　　20~30岁期间,孔子先后做过委吏与乘田,委吏负责收税,乘田负责管农事,都是政府部门的公务员。

　　30~34岁期间,主要是在鲁国太庙做祭祀官。孔子以独特的身份(即圣人之后)和渊博的学识、高尚的德行获此资格,主持国家的重大祭祀,同时开始收弟子。

孔子35岁时,鲁昭公被三大臣逼下台,逃往齐国。孔子追随鲁昭公去齐国,在齐闻《韶》,学识大进。齐景公尊敬孔子,向孔子问政,孔子在齐国待了一年。

37~51岁期间,孔子依然在鲁国主持祭祀。这时,孔子的官职是"儒",即祭祀官。因为孔子长期做儒官,所以后世称孔子为儒家学派创始人。

儒家最看重的是祭祀,其次是治理国家。孔子长期在太庙主持祭祀,实际上是个大祭司。

孔子51岁时,正式在朝中为官,是为中都宰。三年中,孔子先后做中都宰、司空、司寇,最后做鲁国宰相。孔子施政期间,具体的政治主张是维护、巩固鲁定公的地位,对内抑制三大臣,对外与齐国结盟。在孔子的治理之下,鲁国大治,路不拾遗。

齐国担心鲁国强大,便用美人计麻痹鲁国君臣。孔子于这年离开鲁国,开始了漫长的周游列国之旅。

55~68岁期间,孔子带领弟子周游列国14年,经过的国家近10个,是一次前无古人的"文化长征"。孔子想把他的政治主张推广到列国,结果无一成功。但他取得了另一方面更为重要的成果,就是将他的人文理念——"仁义"带到了各个国家。

孔子68岁回到鲁国,正式开私学授徒。这时,他的政治身份是鲁国的"国老",即元老。实际上,孔子此时已是鲁国的精神领袖与国家象征。孔子弟子三千,贤人七十二,其中最有成就的是颜回、子贡、子路、曾参、有子、仲弓等人。孔子弟子中做官做得最大的是冉有,但被孔子逐出了门墙。冉有不仁,附从季氏征战、敛财,违背了孔子的教导。

孔子晚年最重要的工作是授徒与撰述。孔子定五经、修《春秋》,他的言行被弟子及再传弟子们整理为《论语》,他的后人也整理有《孔子家语》。孔子的思想主要记载于《论语》《礼记》《中庸》(原为《礼记》的一篇)《易经·易传》《春秋》等。孔子的生平事迹散见于《论语》《孟子》《史记·孔子世家》《左传》等。

司马迁把他为孔子作的传命名为"孔子世家",显然是把孔子定位为一位"王者",因为在《史记》中,只有为王者作的传,体例上才是"世家"。司马迁这样做的理由主要是:第一,孔子是殷王室之后;第二,孔子是大圣人,是"素王",是真正意义的帝王。后世尊孔子为人类导师,是一位世界级的思想家。

孔子为后世制定了风俗与日常生活规范,这比他制定了政治方面的制度更重要。孔子的思考方式与做事方式影响中国人的日常生活至深,这比他对中国文化界的影响更大。

本书主要选取了孔子最具代表性和典型意义的言论,以权威的译解和贴近现实生活的感悟,再加上与之相应的历史和现实事例,使之浑然一体,让每一个解读对象都得到透彻通达的诠释,并得到适当的延展和发挥。在编写结构上,力求精确到人们生活的细枝末节。从宏观上,我们希望本书能够有益于当今世道人心,为精神文明建设作出贡献;具体到每一位读者,则希望你能够与这种元气淳厚、自然醋畅的古典文化精神贴近并且交融,让自己生活在一种更高的层次上。

目录

第一章

礼仪为本,行为举止有规矩

1.待人以礼,永远不会过时

不知礼,无以立也。

——《论语·尧曰》

中国自古以来就是"礼仪之邦",这个"礼"字万万不能丢。有些人认为这些"繁文缛节"早就过时了,其实不然,"待人以礼"永远不会过时,而且在任何时代都有其独特的意义。

季羡林在《谈礼貌》一文中这样写道:"如果一个人孤身住在深山老林中,你愿意怎样都行。可我们是处在社会中,这就要讲究点人际关系。人必自爱而后人爱之。没有礼貌是目中无人的一种表现,是自私自利的一种表现,如果这样的人多了,必然产生与社会不协调的后果。千万不要认为这是个人小事而掉以轻心。"

王国维有一篇著名的文章叫《殷周制度论》,他在其中论述了从商朝到周朝制度上面的巨大变革,而这变革正是周朝建立了"礼乐制度",包括祭祀、典礼、君臣之分等。他说周天子不是一个国家统帅,而是一个国家的道德标准,正是他自上而下建立的一整套完备的礼乐制度,才让周朝得以绵延八百年。

而清朝出现的著名儿童启蒙读物《弟子规》,采用的便是《论语·学而》第六条的文义,列述弟子在家、出外、待人、接物与学习上应该恪守的礼仪规范,以此作为儿童启蒙读物,可见"礼"的重要性。

"君子有情,止乎于礼。不止于礼,止乎于心。"意思是说,君子有了情感,还要有行动上的礼貌;礼貌不够的话,就要用心去表达这份礼貌。

宋代学者杨时和游酢结伴到嵩阳书院拜见程颐,正遇上老先生闭目养神,躺着休息。其实,程颐并没有睡着,他明知门外来了两位客人,却依然不言不动,不予理睬。杨、游二人怕打扰先生休息,只好恭恭敬敬,肃然侍立,一声不吭地等候他醒来。当时,外面正下着大雪,二人站在门口也不进屋,等了好半天,程颐才出声让二人进来。此时,两个人身上落满了雪。这就是"程门立雪"这一典故的由来。

"程门立雪"说的是尊师重道,这正是一种"礼"的体现。

孔子一生曾多次向老子问礼。第一次是在孔子十七岁时,即鲁昭公七年(公元前535年),地点是在鲁国的巷党。《水经注·渭水注》有记载:

"孔子年十七问礼于老子。"而《礼记·曾子问》也曾四次记载孔子向老子求学问礼，其中一次老子说："你所说的礼，倡导它的人和骨头都已经腐烂了，只有他的言论还在。况且君子时运来了，就驾着车出去做官；生不逢时，就像蓬草一样随风飘转。我听说，善于经商的人会把货物隐藏起来，就好像什么东西也没有一样；具有高尚品德的君子，其容貌谦虚得像个愚钝的人。抛弃你的骄气和过多的欲望，抛弃你做作的情态、神色和过大的志向，这些对于你自身都是没有好处的。我能告诉你的，也就这些了。"

孔子对老子有很高的评价，他说："鸟，我知道它能飞；鱼，我知道它能游；兽，我知道它能走。飞的我可以射，走的我可以网，游的我可以钓。但是龙，我不知该怎么办啊！学识渊深莫测，志趣高妙难知；如蛇般屈伸，如龙般变化，老子就是如此啊！"

和对"仁"的态度一样，孔子也十分重视"礼"。孔子"礼"与"仁"的学说，共同构成了其人道思想的两条主要脉络。孔子说："礼之用，和为贵，先王之道，斯为美。"孔子认为，"礼"是"和"的根本，每个人若能都相互以礼，就一定能构筑和谐的社会。

礼是尊敬的一种延伸，通过方方面面的行为语言来表达对对方的尊敬。我们可以把礼理解成日常生活的礼貌，但礼绝对不是仅仅只有这一层意思。礼不只是外在的规范，它还体现着一种悠久的文化精神，是一种做人的品质，任何人都能通过它达到对人尊敬、为人着想的境界，这也正是儒家强调礼的意义所在。

礼仪作为一个社会、一个民族的道德规范的外化，它的作用是多方面的。

首先，礼仪的一个特别明显，能被人们看见、感觉得到的作用，便是它对人的个体行为的规范，这个作用使人们在社会生活中能够使自己体面地与人交往，同时也能够让交往对象感受到他(她)自己的体面。此外，礼仪对于人的行为的规范还表现在道德的层面,比如义与利的关系等。

其次,礼仪也对社会个体的人具有重要的教育作用。它能使人们在共同遵守彼此认可的礼仪的过程中,由一种外在的遵循转化为内在的自觉,这种转化本身就是一个教育的过程。

再次,它可以使社会和家庭更具凝聚力,氛围更加和谐,人与人之间的交往更趋理性,从而促进整个社会的和谐发展。

2.家庭礼仪不可忽略

子曰:"非礼勿视,非礼勿听,非礼勿言,非礼勿动。"

——《论语·颜渊》

具体的关于礼仪与个人行为的制约关系,孔子提出了这样的标准:"非礼勿视,非礼勿听,非礼勿言,非礼勿动。"即人的言行举止都要受礼仪的规范。

一个人一生的活动如果从所处场合不同来划分,大体上可以分为两种:私人场合的活动和公共场合的活动。如果从价值取向上分,可以分为义与利、善与恶、美与丑等。而无论按哪种标准划分,礼仪对于人的行为规范作用都是相同的。

所谓私人场合的活动,包括家庭活动和一个人独处时的行为。无论是参加一些家庭内部活动,还是独处,礼仪对人的行为都有非常重要的规范作用。儒家主张"修身齐家"，"修身齐家"做好之后，才谈得上"治国平天下"，而"修身齐家"本身就包含了家庭活动和个人独处两方面的内容。

在家庭中，礼仪的重要作用不言而喻。从大的方面说，对父母长辈孝敬，对兄弟姊妹友爱，对爱人礼敬尊重，对比自己小或辈份低的家庭成员爱护体贴等等，都是中华礼仪所提倡的。从小的方面说，每一个生活的细节都应该注意自觉地用礼仪来要求、规范自己，"以小看大"就是这个意思。中国古人非常重视日常生活中的细节，要求衣食住行都要依礼而行，如"食不言，寝不语""站有站相，坐有坐相"等。在家庭中，更多情况下，礼仪是针对其他家庭成员而施行的。在传统家庭中，一些生活细节如坐在椅子上的姿势，吃饭的"吃相"，在长辈面前说话的"规矩"，餐桌上的一些注意事项，客人迎送时的礼节等等，都有严格的规定。

屠羲时的《童子礼·饮食》里有这样一段话："凡饮食，须要敛身离案，毋令太迫，从容举箸，以次著于盘中。毋致急遽，将肴蔬拨乱。咀嚼毋使有声，亦不得恣所嗜好，贪求多食。安放碗箸，俱当加意照顾，毋使失误堕地。"这段话的意思是说，吃饭的时候身子要离桌子远一些，筷子夹菜的时候不能太急，更不能乱拨菜肴，咀嚼时不能发出声音，对自己喜欢吃的饭食不能太贪，吃完饭后收拾碗筷要轻手轻脚，以免失手将碗打碎。

这些要求非常细致，甚至有些繁琐，但到今天仍然对我们的个人行为有一定的借鉴意义。这些繁琐的规定背后，其实是传统的礼仪规范。它们要求每个人都要从小事上养成良好的习惯，所谓"一室不扫，无以扫天下"说的就是这个意思。我们今天经常说的"小处不可随便"的思想，与上述这些传统的家庭礼仪是相合的。

李毓秀的《弟子规》也说到："长者立，幼勿坐，长者坐，命乃坐。尊长前，声要低，低不闻，却非宜。……问起对，视勿移。"意思是说，如果有长辈站着，你就不能擅自坐下，长辈坐下后，要你坐，你才能坐。在长辈面前说话，声音要低，以示尊重，但也不可低到让长辈听不到，那就是失礼了。

……当长辈问问题的时候,要站起来回答,而且眼光不能东张西望、左顾右盼,那也是不合礼仪的。这些规定与上面有关饮食的提法一样,都是要求人在家庭起居小事上注意礼仪,而且特别强调长幼、尊卑的秩序。

中国社会特别重视敬老,在家庭中,这一点表现得尤其突出。在传统的中国家庭中,往往年岁和辈份最高的人是一家之主,他是家庭中的最高决策者,其他的家庭成员要对他保持足够的尊敬。这种尊敬就要从礼仪上体现出来,如《弟子规》中规定:"或饮食,或坐走,长者先,幼者后。"在家庭中,对于长辈的尊敬是全部家庭礼仪的前提和基础,其他一切家庭礼仪都围绕这一点展开。很难想象一个人不尊敬孝顺长辈,却能对同辈友爱,对晚辈爱护。

礼仪在家庭中的作用就是规范每个家庭成员的行为,以达到"齐家"的目的。"齐家"就是使家庭和谐,家庭和谐了才能团结互助,共渡难关,也才能使家庭中的每一个成员有更好的生活环境和发展空间,从而为社会做出应有的贡献。

3.失礼于人是不美的

子曰:"人而不仁,如礼何?"

——《论语·八佾》

一种为社会大多数人认可并遵守的礼仪,是符合大多数人利益和价值取向的，其中重要的一点就是，礼仪教人向善、向美、向真。礼的前提是人的"仁善之心"，孔子认为，如果一个人没有仁善之心，他学习礼就是舍本逐末。

其实，孔子只说出了礼与仁之间的关系的一方面，另一方面，礼的学习也能起到促进养成仁善之心的作用。因为，一个人在少年时代，由于年龄和阅历的关系，他对善与恶的认识不是特别清楚，我们不能很武断地说一个少年犯错是因为他天生不具有仁善之心，而只能说他对仁善缺乏必要的了解和认识，而学习礼仪就是一个教人向善的过程。

众所周知，礼仪是道德规范的外化，它代表的是一种被普遍认可的价值观。这种价值观要求人在生活中、社会上要与人为善，助人为乐，至少要独善其身。如果你在生活中没有按照礼仪行事，或者你的行为举止超出了礼仪规定的范围，那就是"非礼"，就会对别人造成损害，就是不善。比如，现实生活中经常会发生偷看别人日记，当众揭发别人隐私，当众嘲笑别人的生理缺陷等行为，这些都是不合礼仪的，无疑也会给对方造成这样那样的伤害，严重的甚至会引发激烈的冲突，不仅影响人际关系，也影响社会稳定。

以服饰礼仪为例，我们的服装穿戴是要讲究场合的，不同的场合，服装的要求也不一样。大体上，人们的着装分三种场合，一是上班场合，一是社交场合，一是休闲场合。上班场合中，服装要整洁、大方、雅致，不需要过分张扬，尤其不宜穿过于暴露的衣服。另外，上班时还要避免穿那些需要经常整理的服装，否则不仅会影响你的工作，还会给你的工作对象带来不便。社交场合上，比如宴会、舞会、典礼、晚会等，着装需要时尚流行，不能过于落后和保守，也不能过于朴素和简单。当然，不同的社交场合，对于着装风格的要求也不一样，有的要求庄重一些，有些则要求轻松潇洒一些，不可一概而论。休闲场合，比如在家、上街、旅游、健身等，则要求舒适、得体、随意、轻松，因为这种场合是非正式场合，人们在这种场合中尽可以放松。上述三种场合的着装要求体现的其实就是礼仪要求。设想一下,如果在上班时间穿着短裤、睡衣、背心、拖鞋等休闲装,会是什么样子。同样,出席社交场合,穿得太随意也属于失礼的行为。而如果在休闲场合穿得过于正式,虽不至于失礼,却会影响你的休闲质量。

合于礼的言谈举止和装束就是美的。着装得体,谈吐风雅,举止恰到好处,这些不就是一种美好的风度和气质吗?我们平常说一个人缺乏教养,其实主要是说他在礼仪上做得令人不满意。当你的行为举止让人感觉不舒服时,就说明你失礼了,失礼的人是不美的。比如当众脱鞋、脱袜,当众挖鼻孔,女生穿裙子走路太快、抬腿过高,第一次见面就问人家工资婚否等等,有这种表现的人,你能说他美吗?

礼仪是教人向善的,也是教人向美的。礼就是分寸,人在与人交往中,如果不讲分寸,不仅会给对方造成不快、误解,同时也会损害自身的形象。

4.孔子衣食住行的礼仪文化

食不厌精,脍不厌细。食饐而餲,鱼馁而肉败,不食。色恶,不食。臭恶,不食。失饪,不食。不时,不食。割不正,不食。不得其酱,不食。肉虽多,不使胜食气。唯酒无量,不及乱。沽酒市脯,不食。不撤姜食,不多食。祭于公,不宿肉,祭肉不出三日。出三日,不食之矣。

——《论语·乡党》

孔子在吃穿住行方面十分讲究，他的原则是食不厌精，脍不厌细。粮食不嫌压得过精，肉类不嫌切得过细。粮食陈旧或变味，鱼肉不新鲜了，他都不吃。席上吃肉的量不能超过米面的数量，酒可以随便喝，但不能喝醉。

孔子的"礼乐"思想在其言行中屡见不鲜，《论语·乡党篇》把他的衣食住行礼仪形态较为集中地记录了下来，似乎包括了他对理性化社会的整套制度设想。正如"仁"字包括了他对个人行为的教训精髓一样，孔子自己对"政"与"礼"的定义是一而二、二而一的。政是"正"，而礼则是"仁"的外用或"政事之治也"。从其狭义上理解，"礼"的意思是"典礼"，也是"礼节"；从其广义上理解，意思是"礼貌"；从其哲学精义理解，则是理性化社会秩序。孔子一生尽全力要把西周礼仪制度在鲁国复兴并发扬光大。

在日常生活中，他很讲究如下衣食住行的礼仪：

(1)讲究饮食礼节

孔子对饮食没有过分要求吃山珍海味，只要荤素搭配适当，能吃饱就行。《乡党篇》记下了他有"12不食"的食经，即食物发酸气味难闻，不食；凡是动物肉类变了色的，不食；肉切得不直不细的，不食；调料不适当，不食；肉类超过饭量，不食；酒超过量，不喝；从市场上买来的肉干和酒，不食；祭祀后的食物，超过三天，不食；客人馈赠的熟食，不经口尝，不食；亲朋、国君送的活牲口放生，不食；吉月初一戒斋，荤类食物不食；生姜要温水漂一下，无姜不食。与这"12不食"经相适应，他有一套礼节规矩：吃饭时不准讲话，睡觉前不言语；座位摆得不正，不入席就餐；同乡亲们一起吃饭喝酒时，先敬长老，然后按辈分高低依次敬酒；喝完酒要等老人离席后，才离席而走。如果是国君贵宾宴请，他更讲究礼节。有一次，鲁哀公请他赴宴。宴会上，哀公上桌赐每人一个桃，众大夫接过后就吃掉，唯孔子没吃。宴过后，孔子才把桃吃了，闹得众大夫哄堂大笑。孔子站起来说："丘知之矣。然夫黍者，五谷之长，郊礼宗庙以为上盛。果属六下，而桃为下,祭祀不用,不登郊庙。"桃是菜,哪有先菜后酒之理,应当先酒后菜,这是礼节。哀公点头称是,此后按尼父之礼。上述饮食礼节,孔子旨在教化有食不会吃、有酒不会喝的不知礼、不懂礼的人。

(2)讲究衣着礼仪

孔子对服饰的款式及其颜色,什么场合穿戴什么,什么季节穿着什么装饰都很讲究。他言道:"君子不以绀(gàn,青红色)緅(zōu,暗红色)饰,红紫不以为亵服。"到了夏季,穿麻布做的单衣,套在外面。到了冬季,穿黑色的罩衣,套黑色的羊皮袍;白色的罩衣,配白色的鹿皮袍;黄色的罩衣,配黄色的狐裘。(当时北方老百姓都是穿毛皮衣服过冬)吊丧时不穿黑色皮袍,不戴黑色礼帽。上朝或吉月(每月初一)"必朝服而朝"。古代中国的衣服是上下装,"衣"是上装,"裳"是下装,像裙子一样,男女都一样,后世才演变为裤子。"冕衣裳"就是朝服,"冕"是头上戴的礼帽,"裳"是长袍,只到膝下,再下还有一截露出来的就是裳,是士大夫以上当官执政的人穿戴的。孔子享受穿"冕衣裳"的待遇。现在曲阜孔庙展现的孔子塑像就是穿这种冕衣裳。孔子如此讲究服饰礼仪表明了两点:一是正人先正己,为人师表;二是教化有衣不会穿的人,他们败坏了鲁国的社会风气。

(3)讲究外交礼节

孔子十分讲究外交场合或公共场合的礼节,言谈举动谨慎而又庄重:走进会客厅时,向宾主拱手作揖,衣服一俯一仰;坐下言谈时,与大臣言,"侃侃如也",与君主言,"訚訚如也(严正而恭敬)"。

鲁国在当时的诸侯国中,既小又弱。要是归附于楚,晋国就不高兴;依附了晋,楚国就要兴师问罪;对齐国不周到,齐国就要派兵入侵鲁国。鲁定公十年,鲁国决定和齐国和好。齐国大夫黎鉏对景公谏言:"鲁国用了孔丘,会危害齐国。"于是,派使者请鲁定公来谈和好的会盟。会盟的地点设在夹谷(今山东莱芜县),在此地方构筑土台,台上备好了席位,台阶设三级。齐、鲁两君在台前行了相见礼节，作揖后，双方登上台。齐国管事官员请示道："开始演奏四方的舞乐。"景公回答："行，开始。"于是旍旄羽被矛戟剑拨都出了场，敲打吼叫地表演了起来。孔子看了此演出，便举袖一挥，说道："我们两国君主，是为了和好来会盟的，这种夷狄的野蛮舞乐，怎么可以用在这个场合呢！请命管事官员叫他们下去罢！"景公尴尬了一阵，只得命令舞乐人员下去。过了一会儿，齐国管事官员又跑来请道："请演奏宫中女乐。"景公应说："好的。"于是，许多戏子矮人都上来表演。孔子看了又阻止说："一个不知礼的戏子矮人竟敢胡闹来迷乱诸侯君王，论罪应该正法，请下令管事官员执行！"于是，管事官员依法受到了处罚。景公看孔子态度这样理正严肃，不由得敬畏动容。知道自己理亏斗不过孔丘，回国后，他心里很不安地对宰相晏子说："鲁国是用孔子的道理来辅助他们的国君，而你们却把夷狄那套歪理告诉我，害我开罪了鲁定公，这该如何办呢？"主事的官吏上前回话："君子有过错，就用具体的事物来谢罪。"于是，齐景公就把以前从鲁国侵夺来的郓、汶阳和龟阴的田地如数归还给了鲁国，表示自己的歉疚。

(4)讲究为人处世的礼节

孔子生病时，如果君主前来看望，他的头就向东，把朝服盖在身上，拖着大带；如果朋友死了，没有亲人来料理丧事，他就会挺身而出，主动来负责安葬；外出行车经过父母坟地或庙宇时，在相距百步以外的地方，他会下车改步行到墓地、郊庙进行叩拜，离开百步以外的地方才上车行进，否则，他怕人责孔丘"不知礼也"；家乡人举行迎神驱鬼时，他虽不相信鬼神，但对乡亲们的举动还是会穿朝服站在东边以示支持；他对赶车的车夫很尊重，上车后，身必正立，坐在车上不回头看，不高声言谈，不指指点点。

从表面上看，这都是一些不值得一提的小动作，无关紧要，但由此可以看出孔子做人的修养。

5.礼待下属,得人心者得天下

子曰:"上好礼,则民莫敢不敬;上好义,则民莫敢不服;上好信,则民莫敢不用情。"

——《论语·子路》

儒家的思想就是强调仁政。这句话的意思是:"上位者只要重视礼,老百姓就不敢不敬畏;上位者只要重视义,老百姓就不敢不服从;上位者只要重视信,老百姓就不敢不用真心实情来对待你。"

现在,将孔子这句话用来理解和处理领导与下属之间的关系,就是领导要想得到下属的忠诚,首先要按人之常情和事之常理对待下属。如果领导能对下属尽心,那么下属自然也会对领导忠心。

聪明的上司,无论是君主、将领还是一般的领导,都必须明确这个道理。争取群众的最大支持,才是建功立业的根本,不得人心者失天下,这是古已有之的训导。

秦穆公是春秋五霸之一。作为一个英明的君王,他治国有方,文臣武将各尽其力,政事处理得井井有条。出于称霸中原的野心,秦穆公不仅从军事上大力扩张实力,而且很注意施恩布惠,收买人心。

秦穆公养有一匹千里良驹,由于得来不易,所以倍加珍惜。为此,他特地命人盖了新马厩,各处洗刷得干干净净,金络脑宝石鞍,配备得别提多齐整了,并配了两名马夫精心伺候。有一天,马夫们一个闪失,马厩门没关严，千里马瞅准机会便跑了出去。

这匹马跑出了都城，来到荒郊野外。它养尊处优惯了，没有料到会遇到危险。一群百姓看见了这匹无主的肥马，乐坏了，一拥而上将它逮住，毫不犹豫就把它杀了，三百人美美地吃了一顿。

马夫发现马走失了，吓得大惊失色，赶紧报告上级官吏。官吏心想，此乃大王之爱马，有个三长两短怎么了得！于是，一大帮官吏倾巢出动去寻千里马。好不容易找到了，眼前的景象却着实将他们吓倒了：一大群衣衫褴褛的穷人正围着一锅肉吃得很欢，旁边扔着马皮、骨头，一片狼藉。

毫无疑问，三百人统统被抓了起来，只待秦穆公一声令下便处以极刑。以百姓之贱躯而敢食大王的爱马，还有比这更严重的罪名吗？官吏抱着将功折罪的心情，将此事飞报秦穆公，请他定夺。

秦穆公听了，沉吟半晌，说："放了他们吧。"

"啊？为什么，他们可是吃了您的千里马啊！"

秦穆公说："君子不能为了牲畜而害人。算了，不要惩罚他们了，放他们走吧。而且，我听说过，吃过好马的肉却不喝点酒，是暴殄天物而不加以补偿，对身体大有坏处。这样吧，再赐他们些酒，让他们走。"

过了一些年，秦国发生饥荒，晋惠公趁机大举入侵。秦穆公率领大军抵抗，这时，有三百勇士主动请缨，他们就是多年前吃掉千里马的那群百姓。战场上杀声震天，秦穆公被晋军包围，身上也受了伤，三百勇士为了报恩，护卫着穆公左冲右突，拼死斩杀晋军。晋军吓得连连后退，撤了包围圈，穆公这才得以安全逃脱。那三百人杀得兴起，继续追杀晋军，竟然反败为胜，在乱军中将晋惠公活捉，凯旋回国。

当"官"不要像"官"，要懂得淡化"当领导"的意识，不摆官架子，安排工作时要用商量的语气："你有时间吗？有空你去一趟……"；如下属拒绝接受指派的工作，要用平和的语气询问理由，不必煞有介事地大叫大嚷；

批评下属时,要注意场合、分寸,措辞不可太激烈。当下属在工作中出现失误时,不要当众对其批评,而应争取用一对一的方式,语气不要太激烈,要使用建议、和缓的语气,这样的批评方式更容易让下属接受。

下属不友好,身为领导的你大可一笑了之,以诚待人。有些人很难改变,甚至能称得上铁石心肠,但大多数人还是通情达理的,会逐渐被你的大度所感化。要相信,心诚则灵。

6. 不懂就问,虚心求教也是礼

子入太庙,每事问。或曰:"孰谓鄹人之子知礼乎?入太庙,每事问。"子闻之,曰:"是礼也。"

——《论语·八佾》

孔子刚做祭祀官时,到太庙中主持祭礼,每件事都要问别人。

有人就说:"谁说孔子知礼?我看他不怎么样,你看他到太庙来,每件事都要问人。"孔子听到了,解释说:"这就是礼。"

有一个博士到一家化学研究所工作,他是研究所里学历最高的人,因此平时大家都对他礼让三分,而他却对别人爱答不理。

这天,他吃过午饭,在外面散步,走到单位后面的一个小池塘边上时,看到有两位同事正在池塘边聊天。博士不自然地笑了笑就算是打招呼了，他心里想，跟这两个本科生有什么好聊的呢？

正在此时，其中一个同事突然往池塘里走去，还没等他明白过来，那同事便"噌噌噌"几步从水面上如飞般地走到了对面——对面是一个厕所。

博士以为自己的眼睛出了毛病，难道这个人会"水上漂"不成？可是，那同事上完厕所后，又"噌噌噌"地从水上走了回来，并对另一位同事说："该你了！"于是，另一位同事也如之前那人一样，"漂"过了池塘。

看见此景，博士差点昏倒：不会吧，难道这是一个江湖高手集中的地方？

博士本来并不内急，即使内急也可以回单位楼上上厕所，但被两位同事一激，他便硬着头皮，也起身往水里跨——我就不信本科生能过的水面，我博士生不能过！

只听"咚"的一声，博士栽到了水里。两位同事吓了一跳，合力将他拉了上来："你这是干什么？"

博士一身的水，狼狈不堪，气急败坏地反问："为什么你们可以走过去？"

两位同事恍然大悟，相视一笑："这池塘里有两排木桩子，由于这两天下雨，水面上涨，将木桩给淹了。我们都知道木桩的位置，所以可以踩着桩子过去。你怎么不主动问一声呢？"

主动问一声，这看似简单的道理，却是许多所谓具有高学历的人所想不到，或者想到了，却不愿意去做的。这其中大部分人都是因为普遍的怯生心理，他们认为，任何一个人到陌生的工作环境，都免不了要被动点；而另一部分人则是觉得，只要自己一开口问人，就会被人认为是"笨蛋"，会破坏自身形象。

孔子进入太庙，有不懂的事情就请教别人，有人指责他这种"每事问"的行为说明他不懂礼，孔子回答说，有不懂的事情就问，这就是礼。看来，孔子对于礼的看法是非常通达的。同时，孔子也揭示了礼的另一层深刻含义,就是与其不懂装懂,到时在人前出丑而失礼,不如实事求是地虚心学习。只有虚心学习才能做到心中有数,做事才会有把握,才不会在人前出丑,也才不会失礼。

现实生活中常常会遇到这种情况:当我们准备参加或出席一些活动场合时,必须事先对相关情况了解清楚,避免出现偏差和漏洞。出现偏差和漏洞就说明你的准备工作没有做好,准备工作没有做好就说明你对此事重视不够,重视不够就是一种失礼的行为。

比如,我们要出席一次宴会,在出席之前应该了解清楚一些事项,如这次宴会是谁办的,什么规格,还请了一些什么人,服饰着装上有什么要求,有什么需要注意的事项等等。特别是在一些初次参加或出席的活动场合,更应该充分学习,认真准备;涉及的某些民族、地域和国家的特殊礼仪更不能掉以轻心,应该虚心向专业人士求教。

所以,从这个意义上讲,孔子主张的不懂就问、虚心求教、认真学习、刻苦钻研就是礼的思想是非常正确的。

7.学会道歉,重要的社会礼仪

陈司败问:"昭公知礼乎?"孔子曰:"知礼。"孔子退,揖巫马期而进之,曰:"吾闻君子不党,君子亦党乎?君取于吴,为同姓,谓之吴孟子。君而知礼,孰不知礼?"巫马期以告。子曰:"丘也幸,苟有过,人必知之。"

——《论语·述而》

　　陈司败问："鲁昭公懂得礼吗？"孔子说："懂得礼。"孔子离开后，陈司败向巫马期作了个揖，请他走到自己面前，对他说："我听说，君子是没有偏私的，难道君子还包庇别人吗？鲁君在吴国娶了一个同姓的女子做夫人，是国君的同姓，称她为吴孟子。如果鲁君算是知礼，还有谁不知礼呢？"巫马期把这句话告诉了孔子。孔子说："我真是幸运，如果有错，别人一定会知道。"

　　俗话说："人非圣贤，孰能无过。"我们都是很普通的人，既然犯错在所难免，既然我们都不想把人际关系搞僵，那么我们就该学会主动认错和道歉。

　　一次，孔子和他的弟子子路、子贡和颜渊到海州游览。孔子听到隆隆的声响，对子路说："山的那边在打雷和下雨，为何还要赶着去？"子路说："这不是雷雨声，而是海浪拍岸之声。"孔子从未见过大海，想到海边去看看，他们一行人便乘车到了海边的朐阳山下。

　　孔子和他的弟子爬上了山顶，只见水天相连，广阔无际，他们都兴奋极了。这时，孔子感到又热又渴，他让颜渊下山去舀海水来喝。

　　颜渊拿了盛器正要下山，忽听得身后有人在笑，大家都觉得很奇怪，回头一看，是个渔家孩子。大家问他笑什么，那个孩子说："海水又咸，又涩，不能喝。"说完，他把盛有淡水的竹筒递给了孔子。

　　孔子喝了水，解了渴，十分感激那个孩子，正想道谢，忽然海风吹来了一阵急雨，子路一看着急了，大声嚷道："糟糕，现在到哪里去躲雨呢？"

　　那个渔家孩子对大家说："你们不用着急，请跟我来。"孔子一行跟着孩子进了一个山洞，这是他平时藏鱼的地方。孔子站在洞口边躲雨，边欣赏雨中的海景，不由得诗兴大发，吟出了两句诗："风吹海水千层浪，雨打沙滩万点坑。"孔子的三个弟子都齐声赞扬诗做得好，那孩子却持反对态度,他对孔子说:"千层浪、万点坑,你有没有数过?"孔子心服口服地对孩子的反诘表示赞同。

雨停后,那孩子又到海上打鱼去了。孔子回想起刚才发生的几件事,歉疚而又自责地对三个弟子:"我以前讲过唯上智与下愚不移,看来这并不妥当,还是应该提倡'学而知之','知之为知之,不知为不知'。"

孔子在当时已是名扬天下的贤人,但他却敢于向一个孩子承认自己的不足和错误,这份勇气实在难能可贵。

每个人都生活在一定社会关系中,谁都难免在交往中伤害到别人或被别人伤害,尽管大多数伤害是无意的。此时,学会道歉或学会接受道歉就成了开启原谅和恢复关系大门的金钥匙。

道歉不仅仅是说一句"对不起"那么简单。我们向别人道歉,就是承认我们的所作所为伤害了别人或者有可能伤害别人,希望能予以弥补。

虽然道歉后我们会感觉好点,但内心还是会有一股相反的力量,想保护我们的自尊心和辛苦建立并维护的公众形象。我们之所以不愿道歉,是因为道歉就意味着承认自己有缺陷、不完美,所以要道歉,首先要战胜自己的自尊心。

有些人因为害怕承担责任而不愿道歉;有些人则是因为害怕即使自己道了歉,对方也不会领情;还有些人是害怕报复而不敢道歉。正因为这些顾虑确实有可能发生,才使道歉变得更有意义。

道歉是一种重要的社会礼仪,它需要人们拿出勇气,表现自己谦虚的一面。

8.尊重别人,同时也尊重自己

子曰:"修己,以敬。"

——《论语·宪问》

孔子不止一次地谈过"敬",比如"事思敬"(《论语·季氏》)、"执事敬"(《论语·子路》)等。孔子认为,对事要有敬业精神,对人要敬父母、敬上级、敬朋友。而不论对事还是对人,这个"敬"字其实就是要求以礼相待。敬人等于敬己,你对人以礼相待,别人也会对你以礼相待。一个生性傲慢、不懂得尊重别人的人,是不会得到别人的尊重的。因此,礼仪的一个重要方面就是教会人去尊重别人。

尊重别人是一个人为人处世的重要原则,也是礼的基本要求。《礼记·曲礼》云:"夫礼者,自卑而尊人。虽负贩者必有尊也,而况富贵乎?"意思是说,任何人都有自己的尊严,每个人都应该学会尊敬别人、敬重别人。即使是处于社会底层的人也有自尊,也需要被人尊敬。"不食嗟来之食"的故事中,那个饿得快要死去的乞丐宁愿饿死也不愿意接受不礼貌的施舍,这说明人都有受别人尊敬的心理需要。

从另一个角度讲,一个人受别人尊敬的程度往往与他尊敬别人的程度成正比。敬人者,则人恒敬之。由于每个人在社会生活中所处地位不同,相互关系也不一样,因此相互尊重的原则也以不同的形式表现出来。比如,学生对老师的尊重和老师对学生的尊重,其表现形式是不一样的,领导对下属的尊重与下属对领导的尊重也是不一样的。同样地,亲戚之间的相互尊重,朋友之间的相互尊重,同事之间的相互尊重,合作伙伴之间的相互尊重,陌生人之间的相互尊重,不同民族、国家之间的相互尊重,也都是不一样的。但大体来讲,个体的人之间的关系无外乎高低、长幼、远近、亲疏几种,学做人,就是要学会处理这几种关系。当然,这些关系也具有一定的相对性,在不同场合、不同人群中,人的身份也会发生变化,这就需要每个人随时调整自己的社会身份,但要确保在礼的范围内。

被称为"战国四君子"之一的魏公子无忌,礼贤下士,无论对方是否才高八斗,他都以礼相待,从来不会因为自己身份高贵而怠慢士人,因而美名远扬。

魏国有个七十多岁的隐士,名叫侯嬴,他家境贫苦,在魏都大梁看守城门,魏公子听说后前去问候,并赠送他丰厚的礼物。一次,魏公子摆设酒席,大宴宾客。客人坐定之后,魏公子带着礼物,空着车子上象征尊贵的左边的座位,亲自去城东门迎接侯嬴。

侯嬴上车随魏公子而去,行至半路,他对魏公子说:"我有个朋友,在街上屠宰坊里杀猪,希望委屈您的车马,让我去拜访他。"魏公子便驾着车子来到市场,送侯嬴下车去会见他的朋友。侯嬴表面上与朋友交谈甚欢,实则暗中观察魏公子的表情。魏公子从始至终脸色温和,毫无愠色,市场上很多人看到这一幕,纷纷在暗地里骂侯嬴做事过分。

随后,魏公子将侯嬴带到宴会之上,并隆重地向众人介绍他,只见底下的贵族们面面相觑,谁也不知道此为何人。魏公子叫众人给侯嬴敬酒,侯嬴感动道:"我不过是一个看守城门的小人物,而公子却带着随从车马,亲自迎接我到大庭广众之下,我侯嬴没有什么才能,就让我为公子做最后一点贡献吧。"

从此以后,侯嬴成了魏公子的座上宾,并为魏公子的事业作出了巨大贡献。

"爱人者人恒爱之，敬人者人恒敬之"是孟子的名言，这其中的"敬"就是尊重的意思。渴望得到尊重是人的本能，而获得尊重的前提，是你要先尊重别人。

《圣经》上有这么一句话："爱你们的仇敌，善待恨你们的人。诅咒你的人，要为他祝福；凌辱你的人，要为他祷告。"这段话的意思是要我们学会尊重自己不喜欢的人。有人也许会问："那些好人、我们喜欢的人，我们自然要尊重，可为什么还要尊重那些自己不喜欢的人呢？"把人分成"喜欢"与"不喜欢"，本身就是一种不成熟。每个人都有优缺点，可能某人的缺点让你很厌烦，但你同样可以去发现他的优点，对他以礼相待，保持尊重。如此，即便你们以后不能成为朋友，也不会变成敌人。

尊重是一种在人格上平等待人的品质。在这个世界上，每个人都值得我们尊重，人没有高低贵贱之分，不要用一种"鉴别"的眼光去看人。

战国时期，齐国有位名叫夷射的大臣，他经常为齐王出谋划策，被齐王视为近臣。

有一次，齐王设宴请他喝酒，他因为不胜酒力，便到宫门后吹吹风。守门人是个曾经坐过牢的人，他想要向夷射讨杯酒喝。哪知夷射对他甚是鄙弃，甚至大声斥责他，说他不过是个囚犯，不配向他讨酒喝。守门人想为自己辩解，夷射却已扬长而去。从此，这位守门人便对夷射怀恨在心。

巧的是，不久后天降大雨，宫门前刚好积了一滩水，形状似人的便溺之物，守门人由此萌生了报复之心。

次日清晨，齐王出门的时候，看见了门前的那滩不雅之物，心生不悦，便问守门人是谁如此放肆，竟在宫门前便溺。守门人故作惶恐道："我不是很清楚，但昨天晚上，我看到大臣夷射曾经站在这里一段时间。"

齐王闻知甚为愤怒,以欺君之罪将夷射赐死。

尊重是一门学问,也是人与人相处时以心换心的手段。在生活里,不自命清高,不妄自菲薄,对每个人都保持尊重是一个最基本的礼貌。为人处世首先要讲究尊重,有了这一条件为基础,双方才能更好地交往下去。更何况,我们的尊重能够让对方感受到一种被重视的温暖。这其实是一种对待生活的态度,尊重别人,同时也尊重自己。

延 伸 阅 读:

由孔子之礼浅谈古代礼仪

我国古代礼仪相当丰富,不愧为文明古国,礼仪之邦。而圣人孔子正是意识到了礼仪的精髓才会"复礼"。古人为孔子的"德性之海,智慧之洋"所吸引而效法和学习他。今时今日,作为礼仪国人的后代,我们应该传承先人的道德思想,行之于礼,施之以仁。那么,我国古代的礼到底有多少种呢?

在古代中国,礼深入到社会的每一个层面,因而礼的名目极为繁冗,《中庸》有"礼仪三百,威仪三千"之说。《周礼·春官·大宗伯》将五礼分为吉礼、凶礼、军礼、宾礼、嘉礼。

一、吉礼

吉礼是指祭祀之礼。古人祭祀为求吉祥,故称吉礼。《周礼·春官·大宗伯》说:"以吉礼祀邦国之鬼、神、示。"将祭祀对象分为人鬼、天神、地示等三类,每类之下再细分为若干等。

(1)天神:受祭的天神数目繁多,且有尊卑之别,《周礼》分之为三等。第一等是昊天上帝,或称天皇大帝,为百神之君、天神之首。古代只有天子可以祭天，诸侯有国，但不得祭天。祭天是国家最重大的典礼。每年冬至，天子在国都南郊的圜丘，用"禋祀"祭昊天上帝。祭天的仪式经过精心设计，一名一物，无不含有深意。例如天为阳，而南方为阳位，所以祭天的地点要在南郊；天圆地方，所以祭天之坛要建成圆形；冬至是阴尽阳生之日，所以祭天必须在冬至，等等。第二等是日月星辰，日月星辰附丽于天，垂象著明莫过于日月，日月之明就是天之明，所以必须祭祀；"星辰"是指"五纬"(金、木、水、火、土五大行星)、十二辰和二十八宿，是与民生关系最为密切的天体。祭日月星辰用"实柴"之祀。第三等是除五纬、十二辰、二十八宿之外，凡是职有所司、有功于民的列星，如司中、司命、风师、雨师等。司中主宗室，司命(文昌宫的第五、第四星)主寿，风师是指箕星，雨师是指毕星，主兴风降雨。祭这一类星用"槱燎"之祀。后世祭典中，星辰入祀的范围不断扩大，司民、司禄、分野星、房星、灵星、农星、太岁等都成为了致祭的对象。

对上述三类天神的祭祀方式，同中有异。相同之处是，禋祀、实柴、槱燎之祀都是燃烧堆积柴薪，使烟气上闻于天神。但陈放在柴薪之上的祭品，依神的尊卑而有差别：禋祀用玉、帛、全牲；实柴之祀只有帛，没有玉，牲体是经过节解的；槱燎之祀只有节解的牲体。

(2)地示：对地示(示读qí)的祭祀，也依照尊卑分为三等。第一等是社稷、五祀、五岳，用血祭祭祀。所谓血祭，是用祭牲的血浇灌于地，使其气下达，及于地神。社是土神，稷是百谷之主，五祀是五行之神，五岳指东岳岱宗(泰山)、南岳衡山、西岳华山、北岳恒山、中岳嵩山，被认为是天下五方的镇山。第二等是山林、川泽，用貍沈之祭。祭山林叫"貍"，祭川泽叫"沈"。貍即"埋"字，将牺牲、玉帛埋入土中，表示对土地、山林之神的祭奠。沈通"沉"字，是将牺牲、玉帛沉入川泽，以表示对川泽之神的祭奠。此类祭祀的对象还有社稷、城隍、四方山川、五祀、六宗等。据《周礼·小宗伯》，王郊祭之后，还要望祭五岳、四渎、四镇。四渎指江、河、淮、济等四条大河，四镇指扬州的会稽山、青州的沂山、幽州的医无闾、冀州的霍山,是四方的镇山。五岳、四镇、四渎各据一方,相隔辽远,难以一一往祭,所以在都城的四郊设坛,遥望而祭之,故称望祭。诸侯只能祭祀封地内的名山大川,所以自古有"祭不越望"之说。第三等是四方百物,用疈辜之祭。四方百物,是指掌管四方百物的各种小神。疈是剖祭牲之胸,辜是将剖过的牲体进一步分解。这类祭祀对象有户、灶、雷、门、行等"五祀"。《礼记·月令》说,春祀户,夏祀灶,中央祀中类雷,秋祀门,冬祀行。五者与人们生活最为密切,厚于民生,应该报其功,所以要祭五者之神。

(3)人鬼:人鬼之祭,主要是对祖先的祭祀。祭必于庙,按周制,天子七庙,诸侯五庙,大夫三庙,士一庙。《诗·小雅·天保》说:"禴祠烝尝,于公先王。"《礼记·王制》说:"天子犆礿,祫禘、祫尝、祫烝。"犆,即"特"字,是单独的意思。犆礿,是说春祭是对群庙一一祭祀的。祫是合祭,就是将群庙的庙主集中在太祖庙致祭。夏、秋、冬三祭是祫祭。对父祖的祭祀还大量集中在丧礼中,有奠、虞、卒哭、祔、小祥、大祥、禫等名目,相当复杂。后世的人鬼之祭,并不限于先祖,还包括历代帝王、先圣先师、贤臣、先农、先蚕、先火、先炊、先医、先卜等。

二、凶礼

《周礼·春官·大宗伯》说:"以凶礼哀邦国之忧。"凶礼是指救患分灾的礼仪,包括荒礼和丧礼两大类,细目则有丧礼、荒礼、吊礼、禬礼、恤礼五种。

(1)丧礼:某国诸侯新丧,则兄弟亲戚之国要依礼为之服丧,以志哀悼,还要派使者前往吊唁,赠送助丧用的钱物等,都有特定的礼仪。丧礼是古代礼仪中最为重要的礼仪之一,其核心是通过对死者遗体的处理,来表达对死者的敬爱之情。与丧礼密不可分的是丧服制度,根据与死者的亲疏关系,有斩衰、齐衰、大功、小功、缌麻五种丧服,以及从三年到三月不等的服丧时间。

（2）荒礼：荒是指年谷不熟，也就是通常说的荒年。《逸周书·籴匡》将农业丰歉分为成年、年俭、年饥、大荒四种情况。《周礼》所说的荒，还包括疫病流行在内。当邻国出现灾荒或传染病，民众面临生存危机时，应该用一定的方式表示同忧，如《礼记·曲礼》所说："岁凶，年谷不登，君膳不祭肺，马不食谷，驰道不除，祭事不县，大夫不食粱，士饮酒不乐。"或者直接贷给饥民粮食，《国语·鲁语》："国有饥馑，卿出告籴，古之制也。"《左传》中记载，襄公二十九年，郑国发生饥荒，郑子皮"饩国人粟，户一钟"。或者移民通财，《孟子》中，梁惠王说："河内凶，则移其民于河东，移其粟于河内。河东凶亦然。"

（3）吊礼：邻国遭遇水火之灾，应该派使者前往吊问。鲁庄公十一年秋，宋国发生大水，鲁君派人前往慰问，说："天作淫雨，害于粢盛，如何不吊？"《左传》中记载，成公三年二月甲子，新宫（宣公之庙）灾，"三日哭"。《谷梁传》中也说："三日哭，哀也，其哀礼也。"

（4）禬礼：禬（读guì）是会合财货的意思。邻国发生祸难，发生重大物质损失，弟之国应该凑集钱财、物品以相救助。《春秋》中记载，襄公三十一年冬，"会于澶渊，宋灾故"《谷梁传》云："更宋之所丧财也。"意思是说，补充宋国因灾祸而丧失的财物，使之尽快恢复正常的社会生活。

（5）恤礼：恤是忧的意思。邻国发生外患内乱，应该派遣使者前往存问安否。

三、军礼

军与征战相关，将其列入礼的范围有两方面的理由。从理论上讲，王者以礼治国，使天下归于大同，可能会受到内部和外部的干扰，甚至兵火的威胁，因此，《礼记·月令》说，需要命将选士，"以征不义，诘诛暴慢，以明好恶，顺彼远方"，礼乐与征伐，犹如车之两轮，缺一不可。此外，军队的组建、管理等，也都离不开礼的原则。例如军队的规模，天子为六军，根据礼有等差的原则，诸侯的军队不得超过六军，且必须与国力相称，大国三军,次国二军,小国一军。当时的军力往往用战车的多少来衡量,所以又有天子万乘、诸侯千乘、大夫百乘的说法。军队必须按照礼的原则,严格训练,严格管理。《礼记·曲礼》说:"班朝治军,莅官行法,非礼威严不行。"《周礼·春官·大宗伯》中的军礼,包括大师之礼、大均之礼、大田之礼、大役之礼、大封之礼五种。

(1)大师之礼:大师之礼,是指天子亲自出征的礼仪。天子御驾亲征,威仪盛大,是为了调动国民为正义而战的热情,所以《周礼》说:"大师之礼,用众也。"郑玄注说:"用其义勇也。"

(2)大均之礼:据《周礼·地官·小司徒》记载,古代的军队建制,以五人为一伍,五伍(二十五人)为一两,四两(一百人)为一卒,五卒(五百人)为一旅,五旅(二千五百人)为一师,五师(一万二千五百人)为一军。国家根据这一建制"以起军旅"(征兵),同时"以令贡赋"(分摊军赋),也就是说,应征的士兵必须自备车马、盔甲等。这种做法,是与当时兵农合一的社会状况相适应的,出则为兵,入则为民。大均之礼意在平摊军赋,使民众负担均衡。唐宋以后,随着社会的变化,军礼中不再有这一条。

(3)大田之礼:古代诸侯都亲自参加四时田猎,分别称为春蒐、夏苗、秋狝、冬狩,故称大田之礼。田猎的主要目的是检阅战车与士兵的数量、作战能力,训练未来战争中的协同配合。

(4)大役之礼:大役之礼是为了营造宫邑、堤防等而役使民众。大役之礼要求根据民力的强弱分派任务,这也就是孔子所说的"为力不同科"的思想。

(5)大封之礼:诸侯相互侵犯,争夺对方领土,使民众流离失所。当侵略一方受到征讨之后,要确认原有的疆界,聚集失散的居民,古代疆界都要封土植树,故称大封之礼。

四、宾礼

《周礼·春官·大宗伯》:"以宾礼亲邦国。"在宗法社会中,天子与诸侯之间,大多有亲戚关系。为了联络感情,彼此亲附,需要有定期的礼节性的会见。据《周礼》,宾礼就是天子、诸侯接待宾客的礼仪,其名目有六种:"春见曰朝,夏见曰宗,秋见曰觐,冬见曰遇,时见曰会,殷见曰同等。"

(1)朝礼:朝礼包括天子的五门(皋门、库门、路门、雉门、应门)、三朝(外朝、治朝、燕朝)、朝位(三公、孤、卿、大夫等在朝廷中站立的位置)、朝服(冠冕、带鞢、韨韐、佩玉等)等,以及君臣出入、揖让、登降、听朝等礼仪。

(2)相见礼:古代人际交往的礼仪,并非局限于天子、诸侯之间,在士与士之间也有相应的礼仪。《仪礼》有《士相见礼》记载上古时代士相见,以及士见大夫、大夫相见、大夫庶人见于君、燕见于君、言视之法、侍坐于君子、士大夫侍食于君等的礼节,以此为基础,历代的相见礼有所变化和发展。

(3)蕃王来朝礼:据《明集礼》,洪武初年制定蕃王来朝礼。蕃王来朝,到达龙江驿后,驿令要禀报应天府,再上达中书省和礼部。应天知府奉命前往龙江驿迎劳。蕃王到达下榻的宾馆后,省部设宴款待,然后由司仪导引,到奉天殿朝见天子,到东宫拜见皇太子。朝见完毕,天子赐宴。接着,皇太子、省、府、台一一设席宴享。蕃王返回,先后向天子、皇太子辞行,然后由官员慰劳并远送出境。其间的每一个程序都有"仪注"加以规范。

五、嘉礼

《周礼·春官·大宗伯》有言:"以嘉礼亲万民。"嘉礼是饮食、婚冠、宾射、飨燕、脤膰、贺庆之礼的总称。嘉是善、好的意思,嘉礼是按照人心之所善者制定的礼仪,故称嘉礼。

(1)饮食之礼:国君通过饮酒礼和食礼,与宗族兄弟、四方宾客等饮酒聚食,以联络和加深感情,所以说"以饮食之礼,亲宗族兄弟"。

(2)婚冠之礼:古代男子二十而冠,女子许嫁,十五而笄,有冠笄之礼,表示成年。成年男女用婚礼使之恩爱相亲,所以说"以婚冠之礼,亲成男女"。

(3)宾射之礼:古代乡有乡射礼,朝廷有大射礼。在射礼中,即使有天子参与,也必须立宾主,所以称宾射之礼。射礼主要为亲近旧知新友,所以说"以宾射之礼,亲故旧朋友"。

(4)飨燕之礼:四方前来朝聘的诸侯是天子的宾客,天子要通过飨燕的方式与之相亲,所以说"以飨燕之礼,亲四方之宾客"。

(5)脤膰之礼:脤膰是宗庙社稷的祭肉。在祭祀结束后,将脤膰分给兄弟之国,借以增进彼此的感情,所以说"以脤膰之礼,亲兄弟之国"。

(6)贺庆之礼:对于有婚姻甥舅关系的异姓之国,在他们有喜庆之事时,要用致送礼物以相庆贺,所以说"以贺庆之礼,亲异姓之国"。

(7)巡守礼:《礼记·王制》说"天子五年一巡守",《周礼·大行人》则说天子十二年"巡守殷国"。《易·观卦》说,王者要"省方、观民、设教",意思是说,天子要巡省方国,以观民俗而设教。据文献记载,上古时代,帝王有定期巡守的制度。《尚书·尧典》说,舜在巡守之年的二月,东巡守到达岱宗(泰山);五月,南巡守到达南岳;八月,西巡守到达西岳;十一月,北巡守到达北岳。舜所到之处,要祭祀当地的名山大川,观察风俗民情,并听取诸侯的述职,考论政绩,施行赏罚。秦始皇曾到各地巡守。《后汉书·世祖本纪》说,光武帝曾经于十七年南巡守,十八年西巡守,二十年东巡守。

(8)即位改元礼:古人把甲子年、甲子月、甲子日、子夜为冬至之时称为初元(或者上元)。政权的更迭,往往选择元日,据《尚书》记载,唐虞禅让,就选择在"正月上日",上日就是朔日。

嘉礼的范围很广,除上述诸礼外,还包括正旦朝贺礼、冬至朝贺礼、圣节朝贺礼、皇后受贺礼、皇太子受贺礼、尊太上皇礼、学校礼、养老礼、职官礼、会盟礼,乃至观象授时、政区划分等。

第二章

以德服人,君子一诺重千金

1.安身立命,以德为主

子曰:"骥不称其力,称其德也。"

——《论语·宪问》

孔子说:"称千里马叫做骥,并不是赞美它的气力,而是赞美它的品质。"

日行千里的马,其力固然可观,但与它的德行相比,则可以不提。

那么,什么是千里马的德行呢?

良马奔驰如风,骑在上面,有如在平稳的水面上行船,没有一点颠簸的感觉;良马如遇主人坠鞍,便会立刻站住,等主人起来,绝不会踏伤主人;如果肚带没有系紧,马鞍不安全,你就是骑上去了,甚至用鞭子打它,它也不走;良马识途。诸如此类,都是良马的德行。

孔子在这里并不是教人如何相马,而是借衡量马之优劣来说明一个人安身立命应以什么为主。

孔子赞美千里马识途、护主的美好品德。同样,德也是人生事业的基础,是个人才能的统率和主心骨。离开了道德的建树,事业就会失去稳固的基础,如艳丽一时而不可长存的花朵;缺乏道德的约束,个人的卓越才能就会有走向反面的危险。

历史上不少道德的高洁者,走的是寂寞的人生之路,如人们熟知的贫居陋巷、箪食瓢饮而不改其乐的颜回,身遭流放而后自沉于汨罗的屈原,持节牧羊的苏武,坚持抗金而后血洒风波亭的岳飞,等等。他们不是政坛上的不倒翁,不是人生的春风得意者,却是有德伟人,千百年来,一直具有一种人格感召的魅力。

相反,类似赵高、秦桧之流,趋炎附势,虽可一时享受荣华富贵,前呼后拥,不可一世,却也免不了被押上历史的审判台,经受着凄凉千古的审判结果,遭人唾弃。

《左传》说"君子三立":立德、立功、立言。在这三项不朽的事业中,立德居于首位。《菜根谭》中有:"富贵名誉自道德来者,如山林中花,自是舒徐繁衍;自功业来者,如盆槛中花,便有迁徙废兴;若以权力得者,其根不植,其萎可立而待矣。"即告诉我们,只要一个人的荣誉富贵是建立在道德的基础上的,那么就如山林中自然盛开的花,繁衍不息,这是建立在功业或权力基础上的富贵名誉所不可企及的。

道德的要求在客观上伸张了社会的正气,在主观上则使个人无愧于自己的良知。因此,在为人处世的问题上,我们每个人都不可放松对自身的道德要求，更不可恃才失德，安身立命应以德为主。

孔子以马喻人，告诉人们，才华固然重要，可是德行更加关键。一个人只有具备了为国家、为人民服务的美德，才能更好地发挥自身的才华，受人尊敬。否则，恃才傲物，把自己的本事当作向国家、人民讨价还价的筹码，这种人虽有才华，却会让人感到厌恶和鄙夷。

道德是一个人必须确立的内在标准，没有这个内在标准，人生之路就会失去支撑，最后必将走向失败。由此可见，"德"是铺就成功之路的基石。

2.浩然正气,立足于天地之间

子曰:"直哉史鱼! 邦有道,如矢;邦无道,如矢。"

——《论语·卫灵公》

当时，卫国有一个大夫叫史鱼，为人正直。他临死时嘱咐儿子，他死之后，停尸勿葬，他要尸谏卫灵公，进用贤人，斥退小人。否则，宁可尸骨腐烂，也决不入土。

卫灵公大受震动，最终接受了史鱼的尸谏，重用贤人蘧伯玉，斥退了小人弥子瑕。

孔子知道后，赞扬道:"史鱼真是正直啊! 国家政治清明时，他的言行像箭一样直;国家政治混乱时，他的言行也像箭一样直。"

做人要做正直的人，这是为人处世、立足于社会的一个最根本的基点。正直的人凭借浩然正气立足于天地之间，不屑于靠虚伪或凭一时侥幸获得利益。

南宋末代丞相文天祥曾经说："人生自古谁无死，留取丹心照汗青。"文天祥一生为国操劳，最终为国捐躯，虽寿不过五十，但他的一片丹心却流传千古，永垂不朽。

文天祥是南宋末年的抗元英雄，他少年时期便敏而好学，年仅二十一岁便高中状元，因为当时朝廷奸臣当道，所以一直不得重用。咸淳十年（1274）七月，度宗病死，贾似道抑长立幼，扶四岁的赵㬎继位，即宋恭帝。九月，二十万蒙古铁骑由丞相伯颜统领，分两路进攻南宋，各地宋军将官在铁骑压境时纷纷叛变。

无奈之下，太皇太后下了一道《哀痛诏》，述说继君年幼，自己年迈，民生疾苦，国家艰危，希望各地文臣武将、豪杰义士急王室之所急，同仇敌忾，共赴国难。于是，文天祥起兵勤王，两年时间内，转战大江南北。祥兴元年（1278）十二月二十日，文天祥在五坡岭不幸战败被俘。

蒙军的元帅张弘范率水陆两路军队直下广东，要彻底消灭南宋流亡政府。文天祥被他们用战船押解到珠江口外的零丁洋（今属广东省）。张弘范派人请文天祥写信招降张世杰，文天祥拒绝写招降书，但写了一首七言律诗，表明自己的心迹，这便是名流千古的《过零丁洋》。

文天祥被俘后，起先被押到广州，张弘范对他说："南宋灭亡，忠孝之事已尽，即使杀身成仁，又有谁把这事写在国史？文丞相如愿转而效力大元，一定会受到重用。"文天祥回答道："国亡不能救，作为臣子，死有余罪，怎能再怀二心？"

大元为了使他投降，决定把他押送元大都，忽必烈下了谕旨，拟授文天祥高官显位。投降元朝的宋臣王积翁等写信将此事告诉文天祥，文天祥回信说："管仲不死，功名显于天下；天祥不死，遗臭于万年。"

元朝统治者见高官厚禄未能使文天祥屈服，又变换手法，用酷刑折磨他。大元丞相孛罗威胁他说："你要死，我偏不让你死，就是要监禁你！"文天祥毫不示弱："我既不怕死，还怕什么监禁！"

文天祥誓死不降，元朝统治者也渐渐失去了耐心，最终决定处决文天祥。消息一出，数万百姓就聚集在街道两旁为他送行。从监狱到刑场，文天祥走得神态自若。行刑前，文天祥问明了方向，随即向着南方拜了几拜，随后英勇就义。

司马光在《资治通鉴》里分析智伯无德而亡时写道："才德全尽谓之圣人，才德兼亡谓之愚人，德胜才谓之君子，才胜德谓之小人。"他提出的选才标准是："苟不能得圣人君子，与其得小人，不若得愚人。"既然不能得到德才兼备的圣人，那就宁可用无德无才的愚人，也不用有才无德的小人。

每一个人的心里大概都存着流芳百世的愿望，然而只有极少一部分的人才能名垂千古，这些人都有一个共同的特点，那就是生前立德。我们之所以这么长久地怀念、尊崇他们，就是因为他们的德行感染了一代又一代人。他们一生所为，都是在积累功德，而这些功德就是他们青史留名的保证。

3.既有原则性,又有灵活性

子曰:"好直不好学,其蔽也绞。"

——《论语·阳货》

一个人不管在什么情况下都坚持自己做人的原则,尖锐直言,这与他的个性有关。就如之前提过的史鱼,他天生就是副直肠子,不会拐弯,盛世也好,乱世也好,他都是急切直言,决不隐讳。在现实社会中,也有史鱼这种人,嘴巴像刀,说话不讲情面,让人受不了。这样的人,如果不能让别人了解到他的心是善良的,出发点是善意的,就会讨人嫌;这种生性耿直的人常会受人讥诮,遭受种种痛苦。但是,只要我们有涵养,有容人之量,还是可与这种耿直的人做好朋友的,因为他们的心直口快可以使我们发现自己的缺点,反省自己,从中收获益处。耿介正直就像醇酒,越久越芳香,越久越为人喜爱。

孔子赞成做人正直,但他也指出,在坚守正直品质的前提下,最好也讲究一下策略。他说:"好直不好学,其蔽也绞。"为人正直,如果不好学,不注意修身处世,便会给自己带来不必要的损失。

在《论语·卫灵公》里,孔子在赞扬了史鱼的"如矢"之直后,又赞扬了另一个卫国贤大夫蘧伯玉。孔子说:"君子哉蘧伯玉!邦有道,则仕;邦无道,则可卷而怀之。"意思是,蘧伯玉真是堪称君子啊!国家政治清明时,就出来做官;国家政治混乱时,就把自己的本领收藏起来。

像蘧伯玉这样在坚守正直品质的前提下,审时度势,可以说是明智之举；史鱼的正直如矢固然可贵，但如果不讲策略，"矢"就容易折断，岂不让人惋惜。孔子既赞扬"直哉史鱼"，又赞扬"君子哉蘧伯玉"，其中深意，需要我们细细体会。

孔子把道德修养分成了四种境界：学、适道、立、权。一般人因为缺少仁的坚定信念，只能达到有所立但不能权的境界。而君子是智、仁、勇兼备，可达到既能立又能权的境界。权，就是权变、通达的意思。一个有德行的人本应出来做官，但究竟是否出来做官，要看政治形势如何，然后据此采取灵活的行动，这就是君子的权。所以，孔子十分欣赏蘧伯玉，因为蘧伯玉能在邦有道时出来做官，干一番大事业，在邦无道时把才干隐藏起来，卷而怀之，不再表现，并且毫无怨言。做到这点是很了不起的，需要有很高的修养。一般人在这种时候，虽勉强可做到"卷而怀之"，却常常心有不甘，难得有蘧伯玉那样的淡泊胸怀。

交友处世应懂得权变。讲究忠信，这是原则，但是具体的技巧一定要看情形而定。看到朋友犯错时，你应寻机坦率地向他指出来，促其警醒。可能他一时会觉得难堪而不谅解你，或者怨恨你，但等到他越陷越深，以至失败时，就会想到你的话是正确的，从而把你当作他的诤友，与你深交。

当然，有些人你无法同他们直言，所以对他们的规劝要适当，不可烦琐无节制。如果他们听不进去，就要停止，否则既浪费口舌，又得罪人。不明此理，轻率多言，就是失言。失言对自己有害无益，"祸从口出"的教训实在不少，所以我们说话一定要谨慎。一个聪明人，应知道什么时候直言，什么时候不言，做到既有原则性，又有灵活性，使行为恰到好处。

4.多责备自己，少挑剔别人

子曰："躬自厚而薄责于人，则远怨矣。"

——《论语·卫灵公》

孔子说："多严格要求自己，少责备别人，这样做就不会招人怨恨了。"

多严格要求自己，少责备别人，不仅对自己有好处，对人与人之间的相处也有好处，而且更能促进社会的和谐。这一思想应该成为每个人的行事准则。

孔子认为，有道德修养的人应该严格要求自己而不应苛求别人，这与他所讲求的"君子求诸己，小人求诸人"的思想是一致的，所以后世的儒家主张"反身而诚"，即责备人家要以宽厚存心，要求自己则要严格检点，这已经成为士人知识分子修身的基本要求。

有一个老太太坐在马路边望着不远处的一堵高墙，总觉得它马上就会倒塌，见有人向那里走去，便善意地提醒道："那堵墙就要倒塌了，远着点走吧。"被提醒的人不解地看着她，大模大样地顺着墙根走了过去，但那堵墙并没有倒。老太太对那人的举动很生气："怎么不听我的话呢？"之后又有人走来，老太太又予以劝告。三天过去了，许多人在墙边走过去，都没有遇上危险。第四天，老太太感到有些奇怪，又有些失望，便不由自主地走到墙根下仔细查看，就在此时，墙忽然倒塌，老太太被掩埋在灰尘砖石中，气绝身亡。

提醒别人时往往很容易、很清醒，但要做到时刻清醒地提醒自己却很难，这就如责备别人轻而易举，责备自己却难以开口一样。所以说，许多危险来源于自身。

有四个和尚为了修行，参加禅宗的"不说话修炼"。

四个和尚当中，有三个道行较高，只有一个道行较浅。由于该修炼必须点灯，所以点灯的工作就由道行较浅的和尚负责。

"不说话修炼"开始后，四个和尚盘腿打坐，围绕着那盏灯进行修炼。几个小时过去了，没有一个人开口说话。

随着时间的流逝，油灯中的油越来越少，眼看就要枯竭了，负责管灯的那个和尚见状大为着急。此时，突然吹来一阵风，灯火被吹得左摇右晃，几乎就要熄灭了。

管灯的和尚实在忍不住了，大叫道："糟糕！火快熄灭了。"

其他三个和尚原本都在闭目打坐，听到管灯的和尚喊叫，道行在他上面的第二个和尚立刻斥责他说："你叫什么！我们在做'不说话修炼'，怎么开口说话。"第三个和尚闻声大怒，他骂第二个和尚说："你不也说话了吗？太不像样了。"道行最高的和尚始终沉默静坐，可是过了一会儿，他就睁眼傲视另外三个和尚说："只有我没有说话。"

四个参加"不说话修炼"的和尚，为了一盏灯，先后都开了口。最好笑的是，三个"得道"的和尚在指责别人"说话"之时，都没有意识到自己也犯下"说话"的错误。

在生活中，当我们遇到的事情不符合我们期望时，许多人都会做这样的假设："这一定是别人的错。"人性本有的弱点就是喜欢怪罪他人，什么事情做坏了，总是别人的错，越争论越觉得自己有理。有些人似乎还养成了一种恶习,动不动就批评、指责他人,更有人以此为快,把生活中自己的愤怒、挫折、沮丧、压力和不快乐统统归咎到他人头上,只知一味怨天尤人,从不知自我反省。对于这些人来说,责怪别人比自己承担责任要容易得多;他们永远都能找到一些理由来为自身的某些缺点或不幸开脱;遇到困难时,他们首先想到的不是迎难而上,而是先去找一只替罪羔羊。

责备他人并不是一件容易或愉快的事,被责备的人心里不高兴,但责备他的人也快乐不到哪里去。批评他人不但不会改变事实,还会招致愤恨,从而使身边的人越来越讨厌我们、远离我们。所以,还是责人不如责己吧!

5.不降其志,不辱其身

子曰:"不降其志,不辱其身,伯夷、叔齐与?"谓:"柳下惠、少连,降志辱身矣;言中伦,行中虑,其斯而已矣。"谓:"虞仲、夷逸,隐居放言,身中清,废中权。我则异于是,无可无不可。"

——《论语·微子》

孔子说:"不降低自己的意志,不使自己的身心受侮辱,是伯夷、叔齐吧?"又说:"柳下惠、少连降低了自己的身份,可是言语合于伦理,行为经过思虑,也不过如此了吧。"又说:"虞仲、夷逸隐居独善,放肆直言,洁身自好，弃官也是合于权术的要求。我和他们不同，没什么是非这样不可的，也没什么是非不这样不可的。"

相传伯夷、叔齐是商朝末年孤竹国(政治中心在今河北省卢龙县西，包括今迁安市、迁西县、滦县等地)国君的长子和三子，生卒年无考。孤竹国国君在世时，立叔齐为王位继承人。他死后，叔齐要把王位让给长兄伯夷，伯夷说："你当国君是父亲的遗命，怎么可以随便改动呢？"于是，伯夷逃走了。伯夷离开后，叔齐仍不肯当国君，所以也逃走了。最后，百姓推孤竹国君的二儿子继承了王位。

伯夷、叔齐兄弟之所以让国，是因为他们对商纣王当时的暴政不满，不愿与之合作。他们隐居渤海之滨，等待清平之世的到来。后来听说周族在西方强盛起来，周文王是位有德之人，兄弟两人便长途跋涉来到周的都邑丰邑(今陕西西安市长安区西沣河西)。此时，周文王已死，武王即位。武王听说有二位贤人到来，派周公姬旦前往迎接。周公与他们立书盟誓，答应给他们兄弟第二等级的俸禄和与此相应的职位，他们二人相视而笑说："奇怪，这不是我们所追求的那种仁道呀。"

当时，周见到商朝政局败乱而急于坐大，崇尚计谋而行贿赂，依仗兵力而壮大威势，用宰杀牲畜、血涂盟书的办法向鬼神表示忠信，到处宣扬自己的德行来取悦于民众，用征伐杀戮来求利，这是用推行错误的行为来取代商纣的残暴统治。他们两人对投奔西周感到非常失望。当周武王带着装有其父亲周文王的棺材挥军伐纣时，伯夷拦住武王的马头进谏说："父亲死了不埋葬，却发动起战争，这叫孝吗？身为商的臣子却要弑杀君主，这叫仁吗？"周围的人要杀伯夷、叔齐，被统军大臣姜尚制止了。

周武王灭商后，成了天下的宗主。伯夷、叔齐却以自己归顺西周而感到羞耻。为了表示气节，他们不再吃西周的粮食，隐居在首阳山，以山上的野菜为食。周武王派人请他们下山，并答应以天下相让，他们仍拒绝出山仕周。后来，一位山中妇人对他们说："你们仗义不食周朝的米，可是你们采食的这些野菜也是周朝的呀！"妇人的话提醒了他们，于是他们就连野菜也不吃了。到了第七天，快要饿死的时候，他们唱了一首歌，歌词大意是："登上那首阳山哪，采集野菜充饥。西周用残暴代替残暴啊，还不知错在自己。神农、舜、禹的时代忽然隐没了，我们的归宿在哪里？哎呀，我们快死去了，商朝的命运已经衰息。"最终，他们饿死在了首阳山脚下。

伯夷、叔齐兄弟在当时的历史条件下，不为王位相争，是很难能可贵的，因此有关他们的美德，自古以来就广为传颂。

但是，哪怕天下有无数个伯夷、叔齐，大家都仅仅做到洁身自好，却不对暴虐奋起抗击，天下的平安和幸福就永远不会实现。远离污浊，从此对世事不闻不问，那是放弃了自己的责任。有所不为、洁身自好只是正义的开始，绝不是正义的结束。

因此，我们必须正视"人格"的力量。人格是我们一生中最重要的内容，完整的人格塑造是多方面的，应该从各方面着手培养一个人的素质。

孔子云："危邦不入，乱邦不居。天下有道则见，无道则隐。"孔子把出仕看作弘扬"道"的一种途径，目的在于辅佐君王以教化百姓。而当有志于"道"的君子面临现实的"无道"无能为力之时，则应该"不降其志，不辱其身""隐居以求其志"。

古人云：人活一口气，佛争一炷香。这气并非简简单单的由口鼻而产生的气，而是一种志气，它是不分贵贱与贫富的。气，升华到一定高度便为节，对一个国家而言，称之为国格；对一个民族而言，则为民族气节；对一个人来说，就是人格。人格并不是与生俱来的，它是通过后天培养慢慢形成的。人格也并不是人人都有的，它不等同于赌气和傲骨，有时是需要智慧与忍辱负重的。周文王的装疯食子，越王勾践的献妻救国、卧薪尝胆真真正正的是可泣而可歌！有些人也许会认为那是没有人格的，宁死而不为之。其实，他们的人格已然升华到了常人无法达到的境界。

人格是正义的，为了一己私利而不顾普罗大众安危的人，虽权倾朝野，也算不上有人格，如袁世凯之流。他们肆意随性，朝令夕改，出尔反尔，阴险而狡诈；他们的肚量极其狭窄，欲斩尽杀绝异己而后快，十足的小人嘴脸。

人品随性赋诸于行，只能称之为性格。性格人人都有，可温顺、可随和、可刚烈、可蛮横，甚至可低三下四、厚颜无耻。但是，那仅仅是性格而已，与人格截然不同。人格是高尚的，是掷地有声的，是可歌可泣的；人格的力量是无穷的，它会感动、激励更多良知未泯的人坦诚而理性地对待生活；人格是构建在诚信之上的，对促进社会的公正和谐帮助良多。

做一个有人格的人，无需舍身取义，也用不着高呼口号，厚道做人，疾恶知耻而特立独行，足矣。

6.以德服人，才能赢得人心

子曰："道之以政，齐之以刑，民免而无耻。道之以德，齐之以礼，有耻且格。"

——《论语·为政》

孔子说："用政令来训导，用刑法来整治，老百姓知道避免犯罪，但并没有自觉的廉耻之心。用道德来引导，用礼教来整治，老百姓就会有自觉的廉耻之心,并且心悦诚服。"

孔子与卫文子有一段对话,对这里的论述作了发挥。

孔子说:"用礼教来统治老百姓,就好比用缰绳来驾驭马,驾马者只需要握住缰绳,马就知道按驾马者的意思行走奔跑。用刑法来统治老百姓,就好比不用缰绳而用鞭子来驱赶马,很容易失去控制,甚至可能把驾马者甩下来。"

卫文子问道:"既然如此,不如左手握住缰绳,右手用鞭子来驱赶,马不是跑得更快吗?只用缰绳,那马怎么会怕你呢?"

孔子还是坚持说,只要善于使用缰绳,驾驭的技术到家,就没有必要用鞭子来驱赶。

这里的对话是非常有意思的,实际上说的是儒家政治与法家政治的区别:儒家政治主张德治,以道德和礼教约束民众;法家政治主张法治,以政令、刑法驱遣民众。德治侧重于心,法治侧重于身。而卫文子的看法,则是德治、法治兼用,儒、法并行。如果我们从实际出发,考察历史和现实,显然还是卫文子的主张比较行得通一些,只是孔子针对当时法家的"法治"路线提出了"为政以德""道之以德,齐之以礼"的"礼治"路线,强调了道德教化的作用。

孔子认为,"道之以政,齐之以刑,民免而无耻",行政命令、刑法这些强制性的手段只能起一时的震慑作用,而无法让老百姓从心里服从。如果用"德治""礼治"的办法,老百姓就会"有耻且格",服从统治。

传说,齐宣王召见颜斶时说:"斶,走到我面前来!"斶也说:"大王,走到我面前来!"宣王不高兴,左右的人更是哗然:"大王是一国君主,你怎么可以这样说呢?"斶答道:"我走向前去是贪慕权势,大王走到我面前来是礼贤下士。与其让我做一个贪慕权势的人，不如让大王做一个礼贤下士的人。"

正如艾森豪威尔所说："士兵们都想见见指挥作战的人，他们对轻视或不关心他们的指挥官表示反感。士兵们总是相互传播指挥官走访他们的情形，即使是短暂的走访，也看作是对他们的关心。"所以，领导者应该放下架子，走到群众中去。

孔蔑是孔子的侄子，宓子贱是孔子的学生，两个人都做了县令。

一次，孔子前往孔蔑那里，当时正值春季农忙时节，孔子在路上看到一些田地荒芜，百姓站在田边，样子非常愁苦，便问道："为什么不去耕种？"百姓说："因为半年之内没有交足税，按照规定，我们都受到了不允许种地的处罚。"孔子听了很忧虑。

孔子见到孔蔑后问道："自从你出仕以来，有何收获？有何损失？"孔蔑说："没有什么收获，却有三样损失。君王让人做的事情就像一层层的衣服那样多，政务繁忙，整日忧心忡忡，哪儿有时间治学？所以，虽有学习，却不能够领悟到什么道理，这是第一个损失。所得到的俸禄少得像粥里的米粒一样，不能照顾到亲戚，亲友们日益疏远，这是第二个损失。公务急迫，很多事不能遵照礼节去做，也没有时间去探视病人，别人又不理解，这是第三个损失。"

孔子说："我听说，懂得为官之道的人，从'仁爱'思想出发，明德慎罚。用政令引导，用刑罚约束，这样做，民众只想到如何免于刑罚，不会想到是不是可耻。用德行来教化，用礼仪来约束，民众不但守法知耻而且能明理向善，可使需要责罚的事情不再发生。指导思想正确，才能得到大家的理解和支持。"

之后，孔子又来到宓子贱那里，看到当地物阜民丰，百姓诚实有礼，便问宓子贱："自从你出仕以来,有何收获? 有何损失?"宓子贱说："没有什么损失,却有三样收获。无论做任何事情,即使处理繁冗的公务,都以圣贤之理为指导,把它当作实践真理的机会,这样再学习道理就会更加透彻明白,这是第一个收获。俸禄虽然少得像粥里的米粒一样,但我仍会分散给亲戚一些,因此亲友关系越发密切,这是第二个收获。公事虽然紧迫,但始终不忘记遵守礼节,挤时间去慰问病人,因此得到了大家的支持,这是第三个收获。"

他们寒暄问候的时候,城中传来阵阵弹奏琴瑟、演唱诗歌的声音,孔子笑着说："治理县城也用礼乐教化吗? 看来百姓们都很和祥,你是怎样做的?"宓子贱回答："您对我们讲过'君子学习道理就应该爱护他人',我既然跟您学习了礼乐等教化之道,当然要把它应用在实践中。我以对待父亲之礼对待老人,以对待子女的心肠看待孩子们;减轻赋税,帮助穷困的人;招贤任能,对比我贤能的人,我会恭敬地向他们请教治理的方法。"孔子高兴地赞叹说："子贱真是个君子啊! 以仁德服人,以礼乐治世,遵守天命,百姓归向于你,而神明也会暗中助你。你所治理的地方虽不大,但你所治理的方法却很正大,可以说是继承了尧、舜啊,可以治理天下,又何况一个县城呢?"

宓子贱后来成为了历史上"仁政教化"的名人,一生实践儒家倡导的"礼乐"之风和"匡时济世"的理想,使德入民心,史称"鸣琴而治"。

为人处世,面对逆境时,是坚持实践真理,仁爱为怀,还是执著于个人的东西,裹足不前,这是人的思想境界问题。正因为人生境界的不同,才使一个人处世态度、思维与行为方式有所差异,最终导致了结果的不同。一切以善为念,正己化人,上合天理、下应民心,道路才会越走越宽广,前程也才会越来越远大光明。

统治者要"为政以德",首先要自己具备良好的品德素质,礼贤下士,谦恭有礼，与下属同甘共苦，如此自然会得到老百姓的尊重和爱戴，同时也能树立起良好的榜样。

7. 失去道德标准，你将失去一切

王孙贾问曰："与其媚于奥，宁媚于灶也。何谓也？"子曰："不然。获罪于天，无所祷也。"

——《论语·八佾》

王孙贾问："与其向比较尊贵的祭祀场所'奥'祈祷保佑，不如向并不尊贵但身居五祀之一的'灶神'祈祷保佑，这是什么意思？"孔子说："这话不对。如果犯了滔天大罪，向什么神祈祷也没用了。"

一个人如果失去了基本的道德品质，那些可以对你提供帮助的人就会渐渐离你而去。

有一位开五金厂的老板，凡是跟钱有关的东西他都有兴趣，恨不得所有的钱都装进他的口袋。为了省钱，每个供应商他都要自己谈价格，而且经常以供应商送货不准时或送来的货与样品有差距为由扣钱；即使没有问题，他也要鸡蛋里挑骨头来扣一些费用。企业员工在工厂吃饭要收费，每人每月收180元，而他却让食堂把伙食标准定为4元每人每天。半年之后，他工厂的所有技术员都走了，新的技术员又招不到，而且大部分供应商都不愿意继续向他供应原材料。最终,他不得不宣告破产。

人的一生需要源源不断的支持才能成功。如果把人生大成比喻成要越过一堵两人高、光滑无比、没有什么东西可以成为支点的墙,那么,若想获得大成,就需要你的亲人、朋友以及其他的支持者在下面推你、助你,在上面拉你、提携你。只有这样,你才能跨越人生之墙,达到成功境界。可是,很多人却让自己的助力变成了阻力。

据史书记载,商纣王天生神力,异于常人,能够托梁换柱,倒拽九牛,徒手与兽搏斗。此外,他还天赋聪颖,才思敏捷,能言善辩。可见,我们印象中的"暴君"纣王,绝非无能的"昏君"。

以纣王独有的天赋,本可治理好国家,成就惊天动地的伟业,与祖先商汤、盘庚、武丁等明主一并载入史册,扬名后世,但令人遗憾的是,他的聪明才智未能用到好的地方。

在位期间,他施行了一系列缺乏德行的政策:他荒淫无度,宠信奸妃妲己,建造"酒池肉林";他凶残成性,创立炮烙、虿盆等多种残酷刑法;他残害忠良,就连自己的叔父比干也要"挖心"而后快……

总之,纣王的所作所为泯灭人性,罄竹难书,因而在周武王起兵伐商后,早已恨透纣王的平民和奴隶们纷纷阵前倒戈。纣王见大势已去,便自焚身亡,商王朝也随之覆灭。至此,纣王终于在史册上稳坐"首席暴君"的宝座。

天时、地利、人和,这治天下的三大要素商纣王原来都拥有,但由于自己"德行不够",以致众叛亲离,国破家亡,可悲兮,应然哉!

所谓德商,就是一个人的道德人格品质,它是我们的立身之本,是我们成功道路上不可缺少的基石。没有高尚的道德,便没有高尚的品格、高尚的事业，更不会有高尚的人生。我国著名教育家陶行知先生说："千学万学，要学会做人。"我国古代圣人们也告诉我们：德高才能望重。我国最著名的高等学府清华大学的校训是：自强不息，厚德载物。意思就是说：道德是人生的基础，人生发展的每一步，都跟我们是否有高尚的道德有着直接的关系。

延 伸 阅 读：

古人的道德观

道德，是做人的基础。百行以德为首，立身一败，万事瓦裂。在我国古代，道德被视为国家之根本。《左传》曰："德，国家之基也。"张九龄说："务广（扩张）德者昌，务广地者亡。"《十大经·雌雄节》中也有相似的看法："德积者昌，殃积者亡。"立德修身和"为政以德"之重要，可见一斑。

作为社会意识形态之一的道德，是人们共同生活及行为的准则和规范。古人虽然夸大了道德在为政治中的作用，但是，国家的和谐稳定、长治久安离不开道德。在这一点上，古人的道德观留下了有益的启示。

古代道德主要涵盖道、义、礼、仁四个方面。《吴子·图国》中写道："圣人绥（安抚）之以道，理之以义，动之以礼，抚（抚爱）之以仁。此四德者，修之则兴，废止则衰。"在董仲舒看来，"以德为国者，甘于饴蜜，固于胶漆"，是一件十分美好而又固本之举。管子认为，"畜（指统治）之以道，则民和；养之以德，则民合（融洽）"，否则，"国无义，虽大必亡；人无善志，虽勇必伤"。因此，"思国之安者，必积其德义"。

对为官者来说，有无道德操守至关重要，在古人看来，"道德不厚者不可以使民"，这是因为道德与权威是紧密关联的。贾谊说得好："德操而固则成立，教顺（和顺）而必（坚定）则令行。"官无道德，也就谈不上有什么威信和号召力。难怪常璩在《华阳国志》中强调指出："治世以大德，不以小惠。"

为政以德最重要的一个体现，就是爱民、为民、利民。《尚书·大禹谟》曰："德惟善政，政在养民。"推行善政的目的，在于养护百姓。民为邦本，本固邦宁，正因为如此，所以"为政之道，以顺民心为本，以厚民心为本，以安而不扰为本"。确实，只有出于责任的行为，才具有道德价值。当然，能否做到以民为本，关键取决于官员有没有公心，"治国莫先于公"，不去私立公，就得不到百姓的拥护。因此，先秦的管子告诫说："道德当身，故不以物惑。"汉代的刘向主张："治官事则不营私家，在公门则不言货利。"宋代的苏洵则说："为一身谋则愚，而为天下谋则智。"屈原十分推崇那些德高望重者，"秉德无私参天地"，在他眼里，这些人与天地一样高大。

古人注重道德的养成和积累，强调须从一点一滴的小事做起。《尚书·旅獒》写道："不矜细行，终累大德。"当然，不同时代、不同阶级有不同的道德观念，但古人强调的"为天下谋"的从政理念，还是值得现今为官者借鉴的。

还须指出的是，古人主张"德治"的目的，无非是使民"中心悦而诚服也"，或者说为了"得民心"。但光有"德治"还不够，还须与"法治"相结合。北宋文学家苏东坡虽然提出了"德与法相济"的观点，但毕竟不明晰、不系统，且带有浓厚的封建色彩。

社会主义道德风尚的形成、巩固和发展，要靠教育，也要靠法制。法律是道德的最基本体现，道德是法律的精神基础，两者范畴不同，但各有其独特的地位和功能。道德是内在"自律"，具有启迪性；法律是外在"他律"，带有强制性；"德治"是"法治"的思想前提，"法治"是"德治"的升华和保证，两者互相联系，缺一不可。只有实现"德治"与"法治"的紧密结合，才能使诸多治国方略真正落到实处。

第三章

慎言谨行，开口之前要三思

1.志当高远，事当谨慎

子曰："君子欲讷于言，而敏于行。"

——《论语·里仁》

孔子说："君子要做到言语谨慎，做事勤劳敏捷。"

如一口古井，表面上看起来是一潭死水，无论有无风来，它都不起波澜。可有一天，我们渴了，站在那掬水来喝，才惊异地发现：这古井竟是那么深不可测，掬上来的水竟是那么清澈，而那井水的味道又是如此的甘冽。

言语谨慎却勤于行动的君子正似这古井，他们没有华丽的言辞、招摇的行动，却实实在在地在做事。诸葛亮一生惟"谨慎"，所以他很少犯错，他一生的智慧全在这两个字上。要知道，风大的时候不一定凉，无风的时候也不一定热，最重要的是气温；能说善道的人不一定渊博，沉默寡言的人也不一定贫乏，最重要的是学问。

吕僧珍字元瑜，是山东范县人。从南齐时起，吕僧珍便开始追随萧衍。萧衍为豫州刺史，他任典签；萧衍任领军，他补为主簿；建武二年，萧衍率师援助义阳抗御北魏，吕僧珍随军前往；萧衍任雍州刺史，吕僧珍为萧衍手下中兵参军，被当作心腹之人；萧衍起兵，吕僧珍被任为前锋大将军，大破萧齐军队，为萧衍立下大功。

吕僧珍有大功于萧衍，被萧衍恩遇重用，其所受优待，无人可比。但他从不居功自傲、恃宠纵情，而是更加小心谨慎。在宫中当值时，即便是盛夏也不敢解衣；每次陪伴萧衍，他总是屏气低声，不随意吃桌上的果实。有一次，他喝醉了酒，拿了桌上一个柑橘；萧衍笑着说："卿真是大有进步了。"拿一个柑橘被认为是大有进步，可见吕僧珍谨慎到了什么程度。

吕僧珍因离乡日久，上表请求萧衍让他回乡祭扫先人之墓。萧衍为使其衣锦还乡、光宗耀祖，不但准其还乡，还赐其使持节、平北将军、南充州刺史，即管理其家乡所在州的最高行政长官。然而，吕僧珍到任后，平心待下，不私亲戚，没有丝毫张狂之举。吕僧珍的从侄是个卖葱的，他听说自己的叔叔做了大官，便不再卖葱，跑到吕僧珍处要求谋个官做。吕僧珍对他说："我深受国家重恩，还没有做出什么事情以为报效，怎敢以公济私。你们都有自己的事干，岂可妄求他职，快回葱市干你的本行吧！"吕僧珍的旧宅在市北，前面有督邮的官府挡着。乡人都劝吕僧珍把督邮府迁走，把旧宅扩建。吕僧珍却说："督邮官府自我家盖房以来一直在此地，怎能为扩建吾宅让其搬家呢？"遂不许。吕僧珍有个姐姐，嫁给了当地一个姓于的人，家就在市西。她家的房子低矮临街，左邻右舍都开店铺货摊，一看就是下等人住的地方，但吕僧珍常到姐姐家中做客，丝毫不以出入这种地方为耻。

君子立身处世，贫贱不能移，富贵不能淫，威武不能屈，然而这并非常人可以做到。吕僧珍可谓是深知立身之道的智者，正因为他功高不自居，身贵不自傲，皇帝才会对他更加信任、放心。吕僧珍58岁时病死，梁武帝萧衍下诏加谥为忠敬侯。吕僧珍能够得善终，和他立身谨慎是分不开的。

五代时，吴越国王钱镠原本是杭州临安的盐贩，出身低微。在群雄竞起、攻伐不已的复杂局面下，他逐步发展自己的势力，占据两浙，最终建立吴越国，并将统治维持了很长一段时间。钱镠能够做到这些，和他立身严谨大有关系。在这方面，他留下了不少故事。

钱镠从小当兵，夜晚很少睡觉，太疲倦时就枕一个圆木头，或者枕一个大铜铃，稍微沉睡，圆木或铜铃一转动，他就会惊醒，因此称作"警枕"。此外，他还在卧室里放了一个粉盘，半夜三更，想起什么事，就写在粉盘上面，直到老年都乐此不疲。每晚，他都会分派侍者更换值勤，规定只要外面有事报告，便马上敲铃。听到铃声，他便会应声而起，有事情立刻处理，不等到天亮。他还怕守卫者当班时睡着，常常把铜丸弹到楼墙之外，用以提醒巡夜值更的人。时人称他为浙中"不睡龙"。由于钱镠要求十分严格，值更的人都非常小心，不敢疏忽大意。

一次，钱镠穿着平民衣服出行，回来时天已入夜，想从北门进城，守门官不肯开门。他说了很多好话，还是没能奏效。守门官说："不管是谁，即使大王亲自驾到，我也不开。"钱镠只得从别的门进来。第二天，他召见北门守门官，对守门官的恪尽职守深表嘉许，并赐给优厚财物。

钱镠虽据江浙富庶地区，又身为国君，但生活却十分节俭。他的住处用具都十分俭朴,衣服衾被全都用细布制成,平时用膳的餐具不过普通漆器而已。旧寝帐坏了,其妻想用青绢帐换了,他执意不肯,说:"作法于俭,犹恐其奢。我只担心后代都追求享受而用锦绣。这顶帐子虽然旧了,但还可以蔽风。"有一次,除夕守岁,子孙都聚在一起,大家非常高兴,便命乐工奏乐助兴。但没奏两支曲子,钱镠便让停下了,说:"不知道的人还以为我在作长夜之饮。上行下效,不可不知。"

成由勤俭败由奢,古往今来皆如此。钱镠虽偏居一隅,并没有建立显赫无比的功业,但由于他采取了正确的对外对内的策略,使江浙地区保持了相对的稳定,对社会生产发展起了很好的作用。立身的严谨,是他事业成功的重要保证之一。

志当高远,事当谨慎,这是历史指示的做人原则。所谓立身,包括树立自己的名声,明确自己的做人原则,建立自己有代表性的业绩等,这里的环节很多,而且有许多潜在危机,所以必须谨慎。

2.言多必失,慎言

仲尼曰:"《志》有之,言以足志,文以足言,不言,谁知其志?言之无文,行而不远。慎辞哉。"

——《左传》

孔子说："古书上曾记载：言论是用来表达志节的，文法修辞是用来表达言论的。假如不发言论，谁又能知道他的志节呢？假如言论没有文辞的修饰辅助，又怎么可能久远流传呢？可见言辞必须谨慎。"说话谨慎，才不至于把话说绝，不给自己留一点余地。

生活中，有些人口才很好，他们在人前夸夸其谈，充分展现着自己的语言魅力；而有些人却始终沉默寡言，偶尔应和几句，在人前就像个隐形人。每个人都有属于自己的个性，性格开朗、外向的人一般属于前者，性格内向、严谨的人一般属于后者。大多数人都希望自己能够成为焦点，所以，若是让大家选择，相信不少人都会选择前者。

但有句老话说得好，说出去的话泼出去的水，而覆水是难收的，所以我们常能听到有些人后悔自己在某个场合对某些人说了一些不合适的话，造成了无法挽回的后果，每每想起都懊悔不已。

五代时期，宋太祖赵匡胤举兵伐唐，南唐后主李煜为保住自己的江山，派大臣徐铉去说服赵匡胤，劝他收兵。徐铉乃是江南名士，才高八斗，出了名的能言善辩。在出发前，对于是否能说服赵匡胤转变态度，他信心满满。见了赵匡胤之后，他从天文讲到地理，从攻伐有罪说到为忍之道，引经据典说了一大通，赵匡胤及一干群臣被他说得目瞪口呆。

眼见如此，徐铉不免心中得意，于是越说越起劲，终于因为一句话被赵匡胤抓到了把柄。他对赵匡胤说："李煜对待你赵匡胤，就像儿子对待父亲，你怎么可以出兵讨伐他呢？"这句话让赵匡胤找到了机会，赵匡胤反问："照你看来，父亲和儿子应当是一家人好呢，还是硬要分成两家才对呢？"一句话就将徐铉问得哑口无言。

说话也要掌握尺度，意思表达清楚就可以了，要见好就收。说多了，不仅没有附加的作用，还有可能将前面所说的效果全部破坏掉。因为"攻其一点，不计其余"的事情，大家都会做，尽管你前面说的都对，只要你后面的话有漏洞，人们就会将这个漏洞抓住，顺势推翻你前面的全部论据。

其实，语言的艺术并不等于"口若悬河，滔滔不绝"。美国艺术家安迪·沃霍尔曾经跟他的朋友说过："我学会闭上嘴巴后，获得了更大的威望和影响力！"

贺若弼是隋朝名将，其父贺若敦为南北朝北周时的大将，曾任金州刺史，在参加平定湘州之战中立有大功，自以为能受朝廷封赏，但没想到被人所诬，不赏反被降职，所以心中愤愤不平，当着使者的面大发怨言。

当时，北周晋王宇文护与他有隙，早有除之而后快之心。这次听到使者回来一说，便抓着这个把柄迫其自杀。临死之前，贺若敦对儿子贺若弼说："吾以舌死，汝不可不思。"说完，便拿锥子狠狠地刺破了儿子的舌头，想以痛感让贺若弼记住他的临终遗言和血的教训。

转眼十几年过去，贺若弼成了隋朝的右领军大将军，在隋朝攻伐南陈时任行军总管。灭南陈后，他和韩擒虎争功，自恃功高，特别是当他认为不如自己的杨素坐上了尚书右仆射的高位，而他却还是一个将军时，不满之情溢于言表。

一些好事之人便把他说的气话告之隋文帝杨坚，隋文帝把他招来质问："我用高颖、杨素为宰相，你在众人面前多次大放厥词，说他们什么也不能干，只会吃饭，言外之意是说我这个皇帝也是废物不成？"

贺若弼只能伏地求宽恕，但隋文帝仍把他削职为民，一年后虽复其爵位，但不再重用。然而，贺若弼却秉性不改，杨广登基后，他又因私下议论炀帝太奢侈，终被隋炀帝所杀。

贺若弼父子的悲剧让我们对"病从口入，祸从口出"这句俗语有了更深的体会。当说才说，不当说则不说，言多必定有失。

古人崇尚一种"大智若愚"的境界，有学问的人一般不乱讲话，只有那些胸无点墨又爱慕虚荣的人才喜欢信口开河。这也正如一个哲人所说："宁可把嘴巴闭起来，使人怀疑你浅薄，也不要一开口就让人证实你浅薄。"

3.谣言止于智者

子曰："道听而途说，德之弃也！"

——《论语·阳货》

孔子说："在道路上听到传言，没经过证实、思考就在路途中传播出去，这是有道德的人应该抛弃的作风。"

南怀瑾先生说："有时处理业务，对于一个人、一件事，千万不可道听途说。拿新闻采访工作来说，在路上听到的消息要留心，但千万不可随便下定论，更不可据以发表传播，一定要先把资料找齐，弄清楚事实的真相，道听途说在德业上是要不得的。孔子说这句话，就是告诫我们，不管读书做学问，还是道德修养、为人处世，都要深入求证，不能胡乱相信传闻。"

关于谣言，自古以来就有"三人成虎"的说法。《韩非子·内储说上》记载，庞恭问魏王："今天有一个人说闹市有老虎，大王信还是不信？"魏王说："不信。"庞恭又问："第二个人也说闹市有虎，您信不信？"魏王说："我还是不信。"庞恭再问："第三个人还说闹市有虎，您信不信？"魏王说："我信了。"庞恭说："闹市明明没有虎，三个人都说有虎，闹市就有虎了。"这便是"三人成虎"。

都说"身正不怕影子斜"，但现实生活却不全是这样的，再正直的人也经不起谣言的中伤。正所谓"众口铄金，积毁销骨"，谣言从一个人的口中传出来是谣言，当它大面积传播，所有的人都在说的时候，它就变得不同了。

流言蜚语的力量是可怕的，它能够摧毁一切建立在信任上的关系。再牢固的关系都会有缝隙存在，谣言是无孔不入的，它会将缝隙不断扩大，最终击破这个关系。"谣言三至，慈母不亲"，即使是母子兄弟之间，也经不起谣言的离间。

一般情况下，人们会选择相信大多数人的话，因此，当谣言四起的时候，很少有人能够始终把谣言当成谣言。所谓"谣言止于智者"，只有真正的聪明人才能发现谣言背后的真相，破解谣言，使谣言在自己这里戛然而止。

谣言之所以会成为谣言，影响到人们的判断力，就是因为缺乏智者。当谣言传到一个人的耳里之后，这个人往往会不加判断便将它直接传播出去，一传十、十传百。同时在传播的过程中，人们还会习惯性地加上自己的主观看法，等到谣言四起的时候，已经跟原来传播的那个版本不一样了，本来无中生有的一句话在传播中逐渐变得充实了起来，变得有根有据，不由得人们不相信。

只有智者才不会将道听途说的东西不加考证就直接传播出去，智者会对自己听到的每一句话都进行考证分析，得出自己的结论。

春秋时期，齐国有一个人名叫毛空，他总是喜欢听那些没有根据的传说，然后再转述给别人听。

有一天，毛空在路上遇到了艾子。毛空神秘兮兮地告诉艾子，说有个人家里的一只鸭子一次生了一百个蛋。

艾子不信，说："怎么可能会有这样的事！"

毛空说："那可能是两只鸭子。"

艾子摇摇头道："这也不可能。"

毛空又改口说："那大概是三只鸭子生的。"艾子还是不信。

"那也可能是四只、八只、十只。"毛空就是不愿意减少已说出的鸭蛋的数目。

过了一会儿，毛空又对艾子说："上个月，天上掉下一块肉来，有三十丈长、十丈宽。"

艾子不信，毛空急忙改口说："那可能是二十丈长。"

见艾子还是不信，毛空说："那就算十丈吧！"

艾子对毛空说的话实在是好气又好笑，便反问道："下一百个蛋的鸭子？十丈宽的肉？这些都是你亲眼所见吗？刚才你说的鸭子是哪一家的？现在你说的大肉又掉在什么地方？"

毛空被问得答不出话来，只好支支吾吾地说："那都是在路上听别人说的。"

谣言的产生是不可避免的，我们无力阻止，但我们可以选择做一个智者，把自己听到的每一句话都进行过滤，筛出不该传播的话。真正有修养的人是不会在背后论人长短的，是是非非有时难以辨清，我们既然没有亲身经历过，又有什么资格乱加点评呢？无论我们听到的关于别人的议论是真是假，都应该在我们这里停住，让那些扰乱人心的言语就此打住，不让其成为"杀人"的工具。

4.说话要有"针对性"

孔子于乡党,恂恂如也,似不能言者。

其在宗庙朝廷,便便言,唯谨尔。

朝,与下大夫言,侃侃如也;与上大夫言,訚訚如也。君在,踧踖如也,与与如也。

——《论语·乡党》

孔子在父老乡亲面前非常恭顺,就像不会讲话一样。

他在宗庙和朝廷之上讲话明辨,但也很谨慎。

孔子上朝的时候,与下大夫说话,侃侃而谈;与上大夫说话,和颜悦色而正直;在君主面前恭恭敬敬,但威仪郑重而自然。

俗话说:"到哪山唱哪山歌。"在不同的场合,对待不同的人,就应该用适合那个场合、那种人的不同语言方式和仪态。这不是谄媚,而是待人处世须恰如其分的道理。

孔子在父老乡亲面前恭敬到近乎羞涩,很少说话,而在庙堂和朝廷上却明辨且侃侃而谈,显出雄辩的样子。与作为政府高级官员的上大夫说话,与作为一般干部的下大夫说话,以及与作为国家元首的君主说话,都有不同的语言方式和仪态。

其实,我们今天的每个人也都应该如此,否则在儿女们面前说话像跟你的上司说话一样;或者反过来,当你向上司汇报工作时,用教训儿女的口气和态度,那会有什么样的后果?

到哪山唱哪山歌，在什么人面前说什么话，这本是人之常情，只不过要把它与那种专门阳奉阴违，当面一套、背后一套的两面派行为区别开来。

子路问孔子："听到了是不是要马上见诸行动？"

孔子回答说："有父亲哥哥在，怎么能不向他们请示就贸然行事呢？"

过了些天，孔子的另一个学生冉有也问孔子同样的问题，孔子回答说："听到了当然要马上行动！"

这两次谈话，孔子的学生公西华都听到了。对同一提问，孔子却作了截然相反的回答，公西华疑惑不解地问孔子："先生，子路问您听到了就行动吗？您回答说要征求父兄的意见；冉有问听到了就行动吗？您说听到了就马上行动。您的回答前后不一致，我弄不明白！"

孔子回答说："冉有办事畏缩犹豫，所以我鼓励他办事果断一些，叫他看准了马上就去办；而子路好勇过人，性子急躁，所以我得约束他一下，叫他凡事三思而行，征求父兄的意见。"

俗话说："见什么人说什么话。"就其积极意义而言，就是攻心说服他人，首先要把握对方的个性，据此采取不同的攻心方法。

《孙子兵法·虚实篇》中说："水因地而制流，兵因敌而制胜，故兵无常势，水无常形，能因敌变化而取胜者，谓之神。"实施作战计划要随着敌情的变化而灵活地变化。

孔子根据学生们的不同脾气秉性特点，分别采取不同的攻心方法，在今天仍有广泛的借鉴意义。

宋代文豪苏洵在《谏论》中举了个有趣的例子：

现在有这么三个人：一个人勇敢，一个人一半勇敢一半胆小，一个人完全胆小。

将这三个人带到渊谷边,对他们说:"能跳过这条渊谷的才称得上勇敢,不然就是胆小。"

那个勇敢的人以胆小为耻辱,必然能跳过去,那个一半勇敢一半胆小和完全胆小的人不可能跳过去。

如果你又对这两个人说:"能跳过这条渊谷的,就奖给他一千两黄金,跳不过则不给。"

这时,那个一半勇敢一半胆小的人必然能跳过去,而那个完全胆小的人则还是不能跳过去。

突然,来了一只猛虎,凶猛地扑过来,这时,你不用劝说那个完全胆小的人,他就会很快跳过渊谷,就像跨过平地一样。

从这个例子可以看出,要求三个性格不同的人去做同一件事,就要用三种不同的条件去激励他们;反之,如果用同一种条件来激励,显然是不能使三个人都动心的。

为什么呢?

因为这三个人的心理素质和性格不一样,所以要因人而异,针对不同的性情采用不同的条件才能打动他们的心,这就是因人施法。

《孙子兵法·九变篇》中说:"将有五危:必死,可杀也;必生,可虏也;忿速,可侮也;廉洁,可辱也;爱民,可烦也。"

这段话的意思是说,将帅有五种致命弱点:只知死拼会被杀,贪生怕死会被俘,急躁易怒则经不起刺激,廉洁自爱则受不了侮辱,爱护居民则可能会因掩护居民而导致烦忧。

因人施法,就是对具有不同心理特征的人,有针对性地采取不同的方法进行刺激。

一般说来,在言谈中,对头脑简单的人,可采用激将法;对沉默寡言的人,应以多方开导为主;对性情急躁的人,说话要简单明了,直来直去;

对性格倔强的人，最好从他最感兴趣的话题慢慢引入；对优柔寡断的人，则应以坚决果断的话语对待。

5.藏锋敛锐，居功不自傲

聪明睿智，守之以愚；功被天下，守之以让；勇力振世，守之以怯；富有四海，守之以谦；此所谓损之又损之道也。

——《孔子家语·三恕第九》

三国时期的李康在《运命论》中有言："木秀于林，风必摧之；堆出于岸，流必湍之；行高于人，众必非之。前鉴不远，覆车继轨。"墨子也曾说过，有五把锥子，其中的一把锋利，锋利的一定最先折断；有五把刀子，磨得快的那一把一定先损坏。爱表现自己而不知收敛的人，总是最先灭亡。

孔子一心想向老子请教学问，便来到洛阳拜访老子。老子将孔子引进自己家中。入座后，孔子道明来意，老子则点头微笑。

正当孔子准备洗耳恭听之时，不想老子却突然张开了嘴巴，问道："你看看我这牙齿如何？"

孔子莫名其妙地看着老子那七零八落的牙齿，不知其意，只好如实说道："您的牙齿已经快掉光了！"

随后，老子又伸出舌头问道："那你再看看我这舌头？"

孔子仔细地看了看老子的舌头,答道:"舌头还在您的嘴里,完好无损!"

老子说完便微微一笑,不再言语。

孔子看着老子的笑容,忽然一下灵光闪现,拜服道:"先生学识渊博,果然名不虚传!"

牙齿虽然坚硬,但它老是与各种食物咬来碰去,还自己跟自己咬来碰去,久而久之,难免会残缺不全。可舌头不同,虽然它很柔软,常常在牙齿同食物的磕碰中被挤过来挤过去的,却能以柔克刚,保全自己。所以,最终食物碎了,牙齿掉了,而舌头却能完好无损地伴随着人的生命直到终点。

三国时期,曹魏主簿杨修虽才华横溢,却不知收敛,处处爱表现自己,常常点明曹操的心意,搞得曹操下不来台;曹操"虽嬉笑,心甚恶之",最后找了个借口,将他处死了。

老子有言:"揣而锐之,不可常保。金玉满堂,莫之能守。富贵而骄,自遗其咎。"意思是一件器物太锋利了,就不能长久保持它的锐气;金银财宝太多了,就不能够守得住。因为富贵而变得骄纵,就会招来祸患。"

一个聪明人不仅要知道什么时候该彰显自己,更要明白什么时候该收敛。有时,收敛比彰显更重要。

东汉开国大将军冯异,跟随汉光武帝南征北战,立下汗马功劳,却从不以功自居。

冯异原来是王莽的新朝官员,以郡掾的身份监理五个县,与父城县长苗萌一同守城,与起义军作战。刘秀那时候是绿林军拥立的更始皇帝的部下,攻打父城,驻军在巾车乡。

一次,冯异到所管辖的县里去,被刘秀的士兵抓住。冯异的堂兄正跟随着刘秀，便把冯异推荐给了刘秀。冯异说："我一个人能力有限，不如让我回去拿五座城地来立功报答您。"刘秀应允。于是冯异回去劝说苗萌一同归降刘秀。

刘秀向南回到宛城后，更始帝的其他将领，前后共有十几个人带兵来攻打父城，但冯异就是坚守不投降。后来，更始帝派刘秀到洛阳担任司隶校尉，经过父城，冯异立即开门迎接。之后，刘秀让冯异担任主簿，将他带去了洛阳。

刘秀的哥哥被更始帝杀了，刘秀表面上不敢显示出悲痛，一个人的时候则不吃肉、不喝酒，暗暗流泪，冯异经常劝解他。后来，更始帝派刘秀到河北开拓地盘，冯异劝刘秀趁机派人巡视郡县，平反冤狱，收揽民心，刘秀一一照办。

刘秀到河北初期，因为王郎割据势力的猖獗，处境一度比较艰难。在饶阳无蒌亭时，天气寒冷，人又疲劳，冯异献上豆粥，刘秀喝了饥寒俱解。渡过滹沱河后，刘秀在南宫遇到了大雨，只好在道路旁的农舍里避雨烤火，此时，冯异又送上麦饭。后来，刘秀消灭了王郎，封冯异为应侯。

冯异从不居功、不骄傲。每到宿营地，许多将领坐在一起谈论自己的功绩，冯异却常常一个人站在大树底下不声不响，所以军中称他为"大树将军"。

在刘秀麾下的众将之中，冯异治军有方，爱护士卒，深得部属拥戴，因此，士兵都愿意在他的手下作战。

后来，冯异为刘秀建立了更大的功勋，打败了赤眉军，平定关中地区，成为独当一面的大将。有人上奏章说，冯异专制关中，威权太重，百姓归心，称他"咸阳王"。刘秀把奏章给冯异看，冯异感到恐惧，上书请罪。刘秀说："将军之于国家，义为君臣，恩犹父子，何嫌何疑，而有惧意？"可见刘秀对他十分信任。

后来，冯异到洛阳朝见，刘秀对其他大臣介绍说："这是我起兵时候的主簿，为我披荆斩棘平定了关中。"又下诏书说："仓卒无蒌亭豆粥，滹沱河麦饭，厚意久不报。"说明刘秀一直记着他的情意。

而冯异则一如既往的谦虚不伐其功，他学管仲对齐桓公说的话，说道："臣希望国家(指刘秀)不要忘掉河北时的艰难，小臣我不敢忘记在巾车乡受的恩惠。"后来平定西北时，冯异病死在军中。

老子曰："企者不立，跨者不行，自见者不明，自是者不彰，自伐者无功，自矜者不长。"意思是："踮起脚跟想要站得高，反而站不稳；长时间迈开大步想要走得快，反而不能远行；想要自我表现的，反而难得露脸；自以为是的，反而不能显扬自己；自我夸耀的，反而功名难就；自我矜持的，反而难得长久。"所以，懂得藏锋敛锐的道理很重要。

6. 与其练达，不若老实

子曰："人皆曰'予知'，驱而纳诸罟擭陷阱之中，而莫之知辟也。人皆曰'予知'，择乎中庸，而不能期月守也。"

——《礼记·中庸》

孔子说："人们都说'我很有智慧'，但是在受到驱使而被诱入罗网、笼子或者陷阱之中的时候，却没有人知道躲避开。人们都说'我很有智慧'，但在选择了中庸之后，却不能守住满一个月的时间。"

《菜根谭》中写道："君子与其练达，不若朴鲁。"这个"朴鲁"就是老实的意思。意思是说，与其精明老练，熟悉人情世故，不妨朴实笃厚。要知道，工于心计的人反而会聪明反被聪明误。

季羡林在清华大学读书的时候，清华大学与德国交换研究生，季羡林虽有机会前往，却拿不出路费和生活费。

季羡林在济南读高中时的校长张还吾听说后，便提出带他去找山东省教育厅长何思源帮忙，二人曾同为北大学生，交情不错。但没想到的是，张还吾带着季羡林刚到那里，还未开口，何思源似乎早已知其来意，一口回绝了他们的请求，季羡林也不说话求情，最后事情只得作罢。

出来后，张还吾责备季羡林太老实，不会说话，这让季羡林非常为难，为自己求情这种事他实在做不出来。最后，季羡林只好四处借贷，这才筹齐了路费。

季羡林曾说过："做人要老实，学习也要老实。学习没有什么万能的窍门，俗语说：'书山有路勤为径，学海无涯苦作舟。'这就是窍门。"季羡林把老实之道发挥到了生活的方方面面，所以他无论做学问、做人，都非常踏实，让人信服。

做人老实应该体现为不要心机，不投机取巧。"揠苗助长"的故事大家都听说过，故事中的人自作聪明地把苗"提了一提"，结果"苗则槁矣"，得不偿失。与其这样，倒不如老老实实做事为好。

《应谐录》中记载了这样一个寓言故事。

乔奄家里养了一只猫，这只猫非常漂亮，他以为此猫非常奇特，就称它为"虎猫"。乔奄经常抱着"虎猫"在客人面前炫耀。

有一天，乔奄请客人吃饭，席间，他又把"虎猫"抱了出来。客人们为了讨好乔奄,争着说好话巴结他:"虎虽然勇猛,但不如龙神奇,我认为应该叫'龙猫'。"另一个人说:"不妥,不妥。龙虽然神奇,但是没有云气托住,龙升不到天上,所以应该叫'云猫'。"第三个人争着说:"云气遮天蔽日,气象不凡,但是,一阵狂风就可以把它吹得烟消云散,所以我建议叫它'风猫'。"随即有人反驳:"大风确实威力无比,但是一堵墙壁就可以挡住狂风,不如叫'墙猫'。"又有人说:"对这位的意见我非常不满意。墙壁对风来说,是可以抵挡一阵,但是跟老鼠一比就不行了,老鼠可以在墙上打洞,应改名为'鼠猫'。"

这时,一位老人站起来斥责他们:"你们啊,争奇斗胜,把脑子都搞糊涂了。逮老鼠的是谁?不就是猫吗!猫就是猫,搞那么多名堂干什么呢!"

这群人自以为只要夸赞乔奄的猫就能够巴结他,结果却闹了个大笑话。

很多自以为无比聪明的"精明人",无论是做人还是做事,都没什么大的成就和建树;反倒是那些看起来愚笨的老实人,往往能赢得更多的成就和尊重。所以,用尽心机不如静心做事,老老实实地做,就一定会得到别人的认可。

7.迁怒贰过,为人处世之大忌

鲁哀公问:"弟子孰为好学?"孔子对曰:"有颜回者好学,不迁怒,不贰过。不幸短命死矣,今也则亡,未闻好学者也。"

——《论语·雍也》

　　鲁哀公问："你的学生中谁是喜欢学问的？"孔子回答说："有个名叫颜回的喜欢学问，他不迁怒于人，犯过的错误不会重犯。可惜短命死了，现在再也没有听到过有比他还好学的人了。"

　　孔子在这里论述的是颜回的好学，认为举世无人可以和他相比。颜回被孔子认为能够继承自己学问道德的人，原因在于颜回的好学，具体表现就是"不迁怒，不贰过"。

　　"迁怒"，就是向身边的人乱发脾气。我们每个人都曾经有过迁怒的体会和经验，比如，丈夫在外面受了气回家，太太关心地前来询问："今天怎么回得那么晚？"这句话好似捅到了马蜂窝，丈夫怒气冲冲地对太太吼道："回来晚当然是因为工作，我已经很累了，你能不能别那么烦人！"这就是迁怒。其实，丈夫并不是真的想斥骂自己的太太，而是由于自己在外面受了上司或者同事的气，无处可发，只能向太太发泄。因此，对于上司、朋友有时莫名其妙的怒火，我们也要学会原谅。

　　迁怒对于个人来说虽然是一件小事，但是对于人们的品德修养却事关重大。做到不迁怒，是道德完善的一个重要标志。乱发脾气，小则导致人际关系紧张，大则导致整件事失败。然而，想要做到不迁怒，并不容易。

　　第一次世界大战以前，德国首相俾斯麦与国王威廉一世共同把德国治理得井井有条。德国当时之所以能那么强盛，一方面是由于俾斯麦这个首相很有才华，另一方面也是因为有威廉一世这个宽容大度的好皇帝。但是，威廉一世回到后宫中，经常会气得乱砸东西，摔茶杯，有时连一些珍贵的器皿也不放过。这个时候，皇后就会关心地问威廉一世："你又受了俾斯麦那个老头子的气了？"威廉一世说："对呀！"皇后说："你为什么老是要受他的气呢？"威廉一世说："你不懂。他是首相，一人之下，万人之上。下面那许多人的气，他都要受。他受了气往哪里出？只好往我身上出！我当皇帝的又往哪里出呢？只好摔茶杯啦！"正是因为威廉一世能做到不迁怒别人，大度地忍让俾斯麦的坏脾气，那时的德国才能那么强大。

一点事情不高兴，就把脾气发到别人身上，不能反省自讼，是一种个人修养不足的表现。因此，我们要注意加强个人修养，学会克制自己，做到不迁怒，尤其是作为领导者，更要注意。

所谓贰过，就是重复犯同样的错误。就像有些人想戒烟，却又禁不住烟的诱惑，管不住自己，这次抽了，下决心以后绝不再抽，可是到时候又抽了起来。想要做到不贰过，对于很多人来说太难，孔子说只有颜回才能做到"不迁怒，不贰过"。若人们真能做到如此，即便不是圣人，也能算是个贤人了。

但我们也要看到，虽然人人都会犯错误，但人们经过学习可以减少犯错的次数，也就是说，人们完全可以避免错上加错的发生。错上加错是很多人都会犯的错犯，明明知道错了，但碍于面子，碍于各种各样的原因，硬着头皮也要错下去，结果一错到底，多少大事、好事也因此被破坏。其实，知错就改，善莫大焉，能在错误初期立刻纠正，虽然可能没面子，却能成就大事、好事。

虽然孔子说的"不迁怒，不贰过"只是人生修养中的一小点，但是人若真能修养到"不迁怒，不贰过"，那就太不容易了。所以，孔子再三赞叹颜回是有一定道理的。

延伸阅读：

孔子问礼老子

春秋时，孔子曾问礼于老聃。老子见孔丘千里迢迢而来，非常高兴，彻夜长谈之后，带孔丘访大夫苌弘。苌弘善乐，授孔丘乐律、乐理，引孔丘观看祭神之典，考查周国的教育基地和祭祀礼仪，使孔丘感叹不已，获益不浅。在周国待了数日，孔丘向老子辞行。老子送孔丘到当时的宾馆之外，就说："吾闻之，富贵者送人以财，仁义者送人以言。吾不富不贵，无财以送汝，愿以数言相送。当今之世，聪明而深察者，其所以遇难而几至于死，在于好讥人之非也；善辩而通达者，其所以招祸而屡至于身，在于好扬人之恶也。为人之子，勿以己为高；为人之臣，勿以己为上。望汝切记。"孔丘顿首道："弟子一定谨记在心！"

到了黄河的岸边，看见河水滔滔，浊浪翻滚，势如万马奔腾，声如虎吼雷鸣。孔丘伫立岸边，不觉叹曰："逝者如斯夫，不舍昼夜！黄河之水奔腾不息，人之年华流逝不止，河水不知何处去，人生不知何处归。"闻孔丘此语，老子道："人生天地之间，乃与天地一体也。天地，自然之物也；人生，亦自然之物。人有幼、少、壮、老之变化，犹如天地有春、夏、秋、冬之交替，有何悲乎？生于自然，死于自然，任其自然，则本性不乱；不任自然，奔忙于仁义之间，则本性羁绊。功名存于心，则焦虑之情生；利欲留于心，则烦恼之情增。"孔丘解释道："吾乃忧大道不行，仁义不施，战乱不止，国乱不治也，故有人生短暂，不能有功于世，不能有为于民之感叹矣。"

孔子问礼，老子道："天地无人推而自行，日月无人燃而自明，星辰无人列而自序，禽兽无人造而自生，此乃自然为之也，何劳人为乎？人之所以生、所以无、所以荣、所以辱，皆有自然之理、自然之道也。顺自然之理而趋，遵自然之道而行，国则自治，人则自正，何须津津于礼乐而倡仁义哉？津津于礼乐而倡仁义，则违人之本性远矣！犹如人击鼓寻求逃跑之人，击之愈响，则人逃跑得愈远矣！"稍停片刻，老子手指浩浩黄河，对孔丘说："汝何不学水之大德欤？"孔丘曰："水有何德？"老子说："上善若水，水善利万物而不争，处众人之所恶，此乃谦下之德也。故江海所以能为百谷王者，以其善下之，则能为百谷王。天下莫柔弱于水，而攻坚强者莫之能胜，此乃柔德也，故柔之胜刚，弱之胜强坚。因其无有，故能入于无间，由此可知不言之教、无为之益也。"孔丘闻言，恍然大悟道："先生此言，使我顿开茅塞也：众人处上，水独处下；众人处易，水独处险；众人处洁，水独处秽。所处尽人之所恶，夫谁与之争乎？此所以为上善也。"老子点头说："汝可教也！汝可切记：与世无争，则天下无人能与之争，此乃效法水德也。水几于道：道无所不在，水无所不利，避高趋下，未尝有所逆，善处地也；空处湛静，深不可测，善为渊也；损而不竭，施不求报，善为仁也；圆必旋，方必折，塞必止，决必流，善守信也；洗涤群秽，平准高下，善治物也；以载则浮，以鉴则清，以攻则坚强莫能敌，善用能也；不舍昼夜，盈科后进，善待时也。故圣者随时而行，贤者应事而变，智者无为而治，达者顺天而生。汝此去后，应去骄气于言表，除志欲于容貌。否则，人未至而声已闻，体未至而风已动，张张扬扬，如虎行于大街，谁敢用你？"孔丘道："先生之言，出自肺腑而入弟子之心脾，弟子受益匪浅，终生难忘。弟子将遵奉不怠，以谢先生之恩。"说完，告别老子，与南宫敬叔上车，依依不舍地向鲁国驶去。

回到鲁国，众弟子问道："先生拜访老子，可得见乎？"孔子道："见之！"弟子问："老子何样？"孔子道："鸟，吾知它能飞；鱼，吾知它能游；兽，吾知它能走。走者可用网缚之，游者可用钩钓之，飞者可用箭取之。至于龙，吾不知其何以？龙乘风云而上九天也！吾所见老子也，其犹龙乎，学识渊深而莫测，志趣高邈而难知；如蛇之随时屈伸，如龙之应时变化。老聃，真吾师也！"

第 四 章

任重道远,为目标做出相应的行动

1.勇于探索真理

子曰:"朝闻道,夕死可矣!"

——《论语·里仁》

孔子说:"早上悟得真理,就是当晚死去也没有什么遗憾了!"

哥白尼说:"人的天职在勇于探索真理。"

夏明翰说:"砍头不要紧,只要主义真。"

真理比生命更重要,自然可以"朝闻道,夕死可矣"!绝对的理想主义

者是能够做到为真理死而无憾的。

孔子的目标、原则经过深思熟虑形成之后,始终没有动摇过。他坚定的原则性完全可以用"富贵不能淫,贫贱不能移,威武不能屈"来形容。孔子曾做过大司寇,得到过季桓子的重用,如果孔子放弃原则,与季桓子同流合污,完全可以获得荣华富贵。但他弃高位如敝屣,毅然地走上了周游列国寻找理想的道路。在那颠沛流离的日子里,他多次受到威胁利诱,每次都以必胜的信念、积极乐观的精神克服了困难。一次又一次的碰壁使孔子明白,他的思想无法在当时实现,但他依旧"知其不可为而为之",坚定地为之努力奋斗。

颜渊是孔子最得意的门生,他最理解孔子,他说:"夫子之道至大,故天下莫能容。虽然,夫子推而行之,不容何痛?不容然后见君子!"天下人见识浅陋,理解孔子的人少,愿意追随孔子的寥若晨星。孔子的信心和实践的勇气来自于他对自己事业合于仁道的信念,即便不能凭一己之力实现,也要尽自己的一份光和热来照亮后世,启迪后人。孔子是一个积极的实行家,他的精神熏陶出了一代又一代中华魂。诸葛亮"鞠躬尽瘁,死而后已";文天祥以死殉国,不做元朝宰相,写下了"人生自古谁无死,留取丹心照汗青"那样掷地有声的诗句;张居正在写与侄子的信中表白出了自己以身许国的心志;林则徐不计个人荣辱,抗击洋人,历经磨难……这些历代名臣都有一颗为国家天下负责到底的心,故能如此坦然地对待荣辱生死。

孔子以为为人就须行仁,就得立于世间,为人类尽力,这是人之为人的责任,不可逃避。世事纷乱,纲常败坏,百姓涂炭,只有肩负起恢复社会秩序的责任,以天下兴亡为己任,才符合人之义。

孔子勇于忍受磨难和别人的误解,为明知不可为之事把自己贡献给家国天下,行的就是仁人之义。孔子勇于自我牺牲,孜孜不倦地行仁道,为我们立身处世树立了一个很好的榜样。

2.用有限的时间争取获得更多的东西

子曰："吾十有五而志于学。"

——《论语·为政》

孔子说，他自己十五岁就有志于学问了，立志相当早。

孔子又告诉弟子说："三年学，不至于谷，不易得也。"讲有志之人努力攻书三年，必有所成。"谷"就是禄，指职位。

人的一生时间是有限的，所以，是否能用有限的时间争取获得更多的东西，关系到你人生的成败。

每个人都应该给自己算一笔时间账，如自己在某方面花费了或即将花费多长时间，将获得什么样的收益，这种收益可以是快乐、金钱、名誉、自我价值等。

而很多年轻人在时间花费上的特点，往往是以得到享乐为目的。他们把大把时间消费在享乐上，而忽视了其他应得到的，这种时间消费的失衡必然会影响他们今后的生活。

这些人是可悲的，他们眼睁睁地看着啤酒、游戏、小说、肥皂剧等白白掳走自己的时间和青春，却不加以阻挡，还感觉"很酷""很刺激""很舒服"。等到了三十多岁，发现同龄人用他们的青春时光换取到大量的成果而自己却一无所有时，才后悔莫及。而当他们想奋起直追时，却发现自己已经不是原来那个精力旺盛的年轻人了，很多事做起来已经力不从心。

一个人如果在年轻的时候没有为将来的生活留下点什么，那么他以后的日子一定会过得很艰难。

章明毕业后找了几次工作,但都接连遭遇失败,这让他十分沮丧。后来,他索性把简历撕了,懒得再去找工作,只待在家看碟、玩游戏。

家人每次催他继续找工作,他总是说:"急什么!我才刚毕业呢!"家人以为他压力太大,便也不再催他。可是,两个月后,他仍然没有找工作的想法,整天在家玩游戏,变成了足不出户、名副其实的"宅男"。家人一再劝他:"玩物丧志,趁着刚出校门的一腔热情,赶紧找个工作吧!"但他总是敷衍了事。

后来,他迷上了一款游戏,这个游戏可不是一天两天能玩完的。他玩起游戏就跟着了魔一样,除了眼前的敌人和城墙,什么也看不见、听不见。每当家人催起,他要么充耳不闻,要么不耐烦地说:"现在不缺吃、不缺喝,担心什么?等我挣了钱会还给你们的。"

为了逃避父母的追问,章明搬出一大堆书籍,摆出一副准备考研的架势。虽然他偶尔也看看书,但更多的时间却花在了跟朋友们一起交流游戏心得、喝酒、打牌、看碟上。

这样三天打鱼两天晒网,章明的研究生考试自然没有通过。后来,他觉得考研太难,便放弃了。日子一天天地流失,他已经习惯了跟"意气相投"的朋友一起玩。其间,他也交了两个女朋友,但对方都不明不白地离开了他。他父亲实在着急,便托人给他找了个临时的差事,他这才勉强有了份工作。

直到几年后的一次同学聚会,章明才彻底醒悟过来。这几年时间,大家的变化都很大。以前那个老跟他一起玩的李平是最让人刮目相看的,现在居然在深圳安家立业了;那个带着800度近视眼镜的王强,进了公务员的队伍;就连那个最不爱说话,经常被自己取笑"胆小鬼"的赵冰,也在谈着跟人合作做生意的事情。

原来，只有自己还在原地转。在同学们面前，章明感到极其自卑，原来的他并不是这样的，只是几年，自己怎么就变得谁都不如了？即使他奋起直追，前面消耗掉的时间也已追不回来了，他需要用更多的精力和血汗才能争取到别人几年前就获得的东西，因为他失去时光的同时还失去了其他宝贵的东西——他的热情、意志、专业知识，更糟糕的是，这期间他还养成了懒惰的坏习气。

时间就是一切，它能让我们获得一切，也能让我们失去一切。你的人生是增还是减，全看你对时间的态度如何。

3.认真扎实地去做基础工作

子曰："无欲速，无见小利。欲速，则不达，见小利，则大事不成。"

——《论语·子路》

孔子认为，人做事的时候眼光要远一点，不仅要看到近期的得失，还要看到长远的影响。目光太短浅，有时是要命的缺点，只有凡事不急于求成，才能真正有所成就。

万丈高楼要有牢固的地基才能拔地而起。初入社会时是一个人品质和生涯定格的时期，如果你能在这个时期树立起务实的精神，扎扎实实地练就基本功，那还有什么能阻碍你成功呢？

即使自身具备再优越的条件，一次也只能脚踏实地地迈一步，然而很多初入社会的年轻人，却总想着能一步登天，恨不得第二天一觉醒来，摇身一变成为比尔·盖茨一样的成功人物。他们对小的成功看不上眼，觉得凭自己的条件做那些基层工作简直是大材小用。他们有远大的理想，但又缺乏踏实的精神，最终只能四处碰壁。

任何一个人的成功都不是靠空想得来的，只有踏踏实实、一步一个脚印地去尝试、去体验，才有可能取得成功。不管你拥有怎样知名学府的毕业证书，也不管你获得过怎样高的奖励，你都不可能在踏出校门的第一天就获得百万年薪。如果你不能改掉眼高手低的坏毛病，那么不但初入社会时会遭遇挫折，你以后的社会旅程也将布满荆棘。

20世纪70年代，麦当劳公司看好中国台湾市场，决定在当地培训一批高级管理人员，他们最先选中了一位年轻的公司经理，但是商谈了几次都没有定下来。最后一次，总裁要求那个经理带上他的夫人来。

当总裁问道："如果要你先去打扫厕所，你会怎么想？"那个年轻经理立即沉思不语，脸上还现出了尴尬的神情。他在想：要我一个高层管理人员去打扫厕所，太大材小用了吧？这时，他的夫人却说道："没关系，我们家的厕所向来都是他打扫的！"就这样，那个企业家通过了面试。

让那个经理没有想到的是，第二天一上班，总裁竟真的让他去打扫厕所。后来，他晋升为高级管理人员，看了公司的规章制度后才知道，麦当劳公司训练员工的第一课就是先从打扫厕所开始，就连总裁也不例外。

创维集团人力资源总监王大松曾经说："年轻人只有沉得下来才能成就大事。无论你多么优秀，到了一个新的领域或新的企业，刚出校门就想搞策划、搞管理，可是你对新的企业了解多少？对基层的员工了解多少？没有哪个企业敢把重要的位置让刚刚走出校门的人来掌管，那样做无论对企业还是对毕业生本人，都是很危险的事情。"

所以，要想获得事业的成功，就先要去掉身上的浮躁之气，培养起务实的精神，扎扎实实打好基础。基础打好了，你事业的大厦才可能越垒越高。

戒掉浮躁之气并不困难，只需把自己看得笨拙一些。这样，你就能很容易放下什么都懂的假面具，有勇气袒露自己的无知，毫不忸怩地承认自己的疑惑，不再自命不凡、自高自大，培养起健康的心态。这有利于你更快更好地掌握处理业务的技巧，提高自己的能力，同时还能给上司和同事留下勤学好问、严谨认真的好印象。

拥有笨拙精神的人，可以有效地控制自己心中的激情，避免设定高不可攀、不切实际的目标。这样的人不会凭着侥幸去瞎碰，也不会为了潇洒而放纵，他会认认真真地走好每一步，踏踏实实地用好每一分钟，甘于从不起眼的小事做起，并能时时看到自己的差距。

认真扎实地去做基础工作，是培养务实精神的关键，越是那些别人不屑去做的工作，你越要做好。工作能力是有层级的，只有从基础做起，处理好小事，才能打好根基，培养起处理大事的能力。

此外，你还要保持一颗平常心，坦然地去面对一切。小有成就时，不要太得意；遇到挫折时，也不要消极失望。"不以物喜，不以己悲"的心态，会使你更加关注自己的工作，并集中精力做好它。

切记不要急于求成，事业的成功需要一个水到渠成的过程，急于求成可能会导致功败垂成。

不管你以后从事哪一行哪一业，成功都自有其既定的路径和程序，一步一步来，成功自然会在不远的地方等着你；想一步登天，成功就会跑得比你更快，让你永远都追不上。

4.不患无位,拒绝怀才不遇

子曰:"不患无位,患所以立;不患莫己知,求为可知也。"

——《论语·里仁》

孔子说:"不怕没有官位,就怕自己没有学到赖以站得住脚的东西;不怕没有人知道自己,只求自己能成为有真才实学值得为人们知道的人。"

这是孔子经常对学生谈到的问题,是他立身处世的基本态度。孔子并非不想学生成名成家,并非不想他们身居要职,而是希望他的学生能够首先立足于自身的学问、修养、才能的培养,具备足以胜任官职的各方面素质。

这句话也告诉人们,只要有真正的本领,就如一块金子,终究是会发光的。每个人都潜藏着独特的天赋,这种天赋就像金矿一样埋藏在我们平淡无奇的生命中,那些总在羡慕别人而认为自己一无是处的人,是永远挖掘不到自身的金矿的。

一个穷困潦倒的青年流浪到巴黎,期望父亲的朋友能帮他找一份谋生的差事。

"数学精通吗?"父亲的朋友问他。

青年羞涩地摇头。

"你懂物理吗?或者历史?"

青年还是不好意思地摇头。

"那法律呢?"

青年窘迫地垂下了头。

"会计怎么样?"

父亲的朋友接连地发问,青年都只能摇头告诉对方——自己似乎一无所长,连丝毫的优势也找不出来。

他父亲的朋友对他说:"可是,你要生活呀!将你的住处留在这张纸上吧!"青年羞愧地写下了自己的住址,写完后便转身要走,却被父亲的朋友一把拉住了:"年轻人,你的名字写得很漂亮嘛,这就是你的优势啊。你不该只满足于找一份糊口的工作。"

把名字写好也算优势吗?青年在对方眼里看到了肯定的答案。青年人受到鼓励以后自信了很多,他想:我能把名字写得叫人称赞,那我就能把字写漂亮;能把字写漂亮,就能把文章写得好看……他一点点地放大自己的优势,看到了成功的希望。

数年后,这个青年果然写出了享誉世界的经典作品。他就是法国18世纪著名作家大仲马,他写的《基督山伯爵》和《三个火枪手》受到世界各国人民的喜爱。

世间有许多平凡人,拥有一些诸如"能把名字写好"这类小小的优势,但由于自卑等原因而将之忽略了,结果失去了许多可以成功的机会,这实在是人生的遗憾。须知,每个平淡无奇的生命中,都藏着一座丰富的金矿,只要肯挖掘,哪怕仅仅是微乎其微的一丝优点的暗示,沿着它也会挖掘出令自己惊讶不已的宝藏。

5. 不做井底之蛙, 追求长远目标

子曰: "士不可以不弘毅, 任重而道远。"

——《论语·泰伯》

孔子说: "读书人不可以不弘大刚强有毅力, 因为他们责任重大, 实现目标的路途很遥远。"俗话说: "心中没有大目标, 一根灯草压弯腰; 心中有了大目标, 泰山压顶不弯腰。"可见, 明确的目标有着巨大的鼓舞作用。

一个出色的企业或组织一般都有10至15年的长期目标。经理人员时常反问自己: "我们希望公司在10年后是什么样呢?"然后根据这个来规划应付出的各项努力。新的工厂并不是为了适合今天的需求, 而是为了满足5年、10年以后的需求, 各研究部门也是针对10年或10年以后的产品进行研究。

如果你希望10年以后变成怎样, 现在就必须变成怎样, 这是一种很严肃的问题。

1970年, 美国哈佛大学对当年毕业的天之骄子们进行了一次关于人生目标的调查, 其中没有目标的人占27%, 目标模糊的占60%, 有清晰但比较短期目标的占10%, 有清晰而长远目标的只占到3%。

1995年, 也就是在25年后, 哈佛大学再次对这一批1970年毕业的学生进行了跟踪调查, 结果是: 那3%的人朝着一个既定的方向不懈努力, 25年后几乎全都成为了社会各界的成功人士, 其中不乏行业领袖、社会精英;

那10%的人的短期目标也得到了实现，成为了各个行业、各个领域中的专业人士，大都生活在社会的中上层；那60%的人安稳地生活与工作，但都没什么特别突出的成绩，他们几乎都生活在社会的中下层；剩下27%的人，他们的生活没有目标，过得很不如意，并且常常在抱怨他人、抱怨社会、抱怨这个"不肯给他们机会"的世界。

其实，他们之间的差别仅仅在于：25年前，他们中的一些人非常明确自己的人生目标，而另一些人不清楚或不是很清楚自己的人生目标。

胸怀大志的人强烈渴望追求自我价值的实现，自我实现的需要是指个体充分发挥自己的潜能，实现自己的人生价值，并造福于人类社会的需要。

俗话说："志不立，天下无可成之事。"伟人与凡夫俗子最大的区别就是，前者懂得事先设计自己的一生，后者则不懂得或不愿设计自己的人生。要知道，志向和目标是人生的罗盘。一个人立足于天地尘世之间，有两门必修课，也是必须修好的课，即做人和做事，二者是唇齿相依的。所以，你要立志做仁人、成大事。虽然这听起来很不切实际，但它离我们并不遥远，只要努力了，付出了，就有可能实现。要想拥有一个美好的人生，首先要好好设计自己的人生，这样才能使自己不迷失在这个物欲横流、极其繁复的世界里。

拿破仑·希尔说："每个人的生活中都应该有一个明确的长远目标，有了核心的目标，人生才会有动力和积极的期待：我们选定什么样的目标，就会有什么样的人生。"世界上所有成就伟大事业的人，对目标都有一种执着的追求——当别人闲散的时候，他们却在工作；当别人在绝望中放弃的时候，他们仍在坚忍不拔地努力，直到最后获得成功。

正确思考往往蕴涵于取舍之间，因为不这样做就那样做，是由一个人的思考力决定的。不少人看似素质很高，但他们却常常因难以舍弃眼前的蝇头小利，而忽视了更长远的目标。成大事者有时仅仅在于抓住了一两次别人忽视的机遇,而机遇的获取,关键在于你是否能够在人生道路上进行果断的取舍。

有远见的人追求的是长远目标,一个目标实现了,他又会设定新的奋斗目标,不断地追求新的目标,为之努力奋斗,永不停步。

6.将大目标分解为小目标

子曰:"老者安之,朋友信之,少者怀之。"

——《论语·公冶长》

有一次,孔子的学生们在一起高谈阔论,谈理想、谈志向。大家都说完了,孔子没说一句话。学生们就问:"老师,你的人生理想是什么?"孔子淡淡地说了三句话:"使老人生活安稳,使朋友信任我,使年轻人怀念我。"

每个人来到这个世界上,都不能摆脱跟这三种人的关系。人人都有父母长辈,有一辈子相随相伴的朋友,有自己的儿女晚辈。你想没想过,当你对社会做出承诺,对历史做出担当,当你实现梦想之后,你身边这三种人,有没有因为你的存在而更加快乐和幸福呢?这是我们每个人都要问问自己的。

每个人可能都有很多恢弘伟大的理想,然而,我们缺少的常常不是理想本身,而是脚下到达理想的道路。

理想很大很远，所以，我们在通往理想的路上必须脚踏实地。正如美国著名专栏作家查理·库金先生所说："成为伟大的机会并不像急流般的尼亚加拉瀑布那样倾泻而下，而是缓慢的一点一滴。"目标也是这样，当你有一个大目标时，想要一下子实现并不容易，所以你要化整为零，将大目标分解为小目标。只要把一个个小目标实现了，你离大目标也就不远了。

俄国著名作家列夫·托尔斯泰曾给自己确定了一个生活的准则，他强调："人活着要有生活的目标：一辈子的目标，一段时间的目标，一个阶段的目标，一年的目标，一个月的目标，一个星期的目标，一天、一小时、一分钟的目标。"有了目标，我们还要为实现目标做计划。也就是说，把大目标分解为一个个具体可行的小目标，每天努力地向目标靠近，哪怕每天只靠近一点点，不要将自己的目标束之高阁。

比如，有个人的人生目标是做一位知名的骨科医生，为所有骨科患者服务。现在看来，这个目标或许太大，无法实际操作，所以还要进一步分解。他的目标可以这样分解：高中每学年的目标，初中每学年的目标，每学期的目标，每个月的目标，每天的目标，等等。将大目标变成每天都可以操作实践的小目标，这样就可以坚持不懈地督促自己。当然，不同的目标有不同的分解方法，之所以这样做，是为了保证目标的连续性和可操作性。只有每个小目标实现了，你的大目标才有可能变为现实。千万要记住，在制定目标时一定要切合自己的实际情况。如果好高骛远，所制定的目标无法实现，那将毫无价值。

1984年，在东京国际马拉松邀请赛中，名不见经传的日本选手山田本一出人意料地夺得了世界冠军。当有人问他凭什么取得如此惊人的成绩时，他说了这么一句话：凭智慧战胜对手。

当时，许多人都认为这个偶然跑到前面的矮个子选手是在故弄玄虚。马拉松赛是考验体力和耐力的运动，只要身体素质好，有耐性，就有望夺冠,爆发力和速度都还在其次,说用智慧取胜实在有点让人不以为然。

两年后,意大利国际马拉松邀请赛在意大利北部城市米兰举行,山田本一代表日本参加比赛。这一次,他又获得了世界冠军,有人又问他有什么秘诀。

山田本一性情木讷,不善言谈,回答的仍是上次那句话:用智慧战胜对手。10年后,这个谜底终于被揭开了,在他的自传中,他这样写道:"每次比赛之前,我都要乘车把比赛的线路仔细地看一遍,并把沿途比较醒目的标志画下来,比如第一个标志是银行,第二个标志是一棵大树,第三个标志是一座红房子……这样一直画到赛程的终点。比赛开始后,我就以百米的速度奋力地向第一个目标冲去,等到达第一个目标后,我又以同样的速度向第二个目标冲去。40多公里的赛程,就被我分解成了这么几个小目标轻松地跑完了。起初,我并不懂这样的道理,我把我的目标定在40多公里外终点线上的那面旗帜上,结果我跑到十几公里时就累得跑不动了,我被前面那段遥远的路程给吓倒了。"他用的是分解目标的智慧,这的确是一个很不错的方法。

一只新组装好的小钟放在两只旧钟当中。两只旧钟"滴答"、"滴答"地走着,其中一只旧钟对小钟说:"来吧,你也该工作了,可是我有点担心,你走完3000万次后,恐怕会吃不消。""天哪,3000万次。"小钟吃惊不已。"要我做这么大的事?我办不到,办不到。"另一只旧钟见了,说:"别听它胡说八道,不用害怕,你只要每秒钟'滴答'摆一下就行了。""天下竟有这样简单的事?"小钟高兴地叫起来,"如果只要这样做,那就容易多了,好,我现在就开始。"小钟很轻松地每秒钟"滴答"摆一下,不知不觉中,一年过去了,它成功摆动了3000万次。

在人生的道路上,每一个人最初之时都有远大的目标,可是最终实现的人有多少？半途而废、丧失信心的人又有多少？很多时候，我们之所以感到困难不可逾越，成功无法企及，正是因为觉得目标离自己太过遥远而产生了畏惧感。

把大目标进行分解，经常检查自己实现目标的状况，体验实现目标的快乐，用这样的方法，即使是遥远的马拉松，也可以跑得很轻松。火箭是一个那么笨重而又庞大的物体，它飞向月球需要一定的速度和质量。科学家们经过精密的计算得出结论：火箭的自重至少要达到100万吨。而如此笨重的庞然大物怎么才能飞上天空呢？所以，在很长一段时间里，科学界都一致认为：火箭根本不可能被送上月球。难道真的没有能让火箭飞向月球吗？就在这时，有人提出了"分级火箭"的概念，问题这才豁然开朗起来。将火箭分成若干级，当第一级将其他级送出大气层时便自行脱落以减轻重量，这样，火箭的其他部分就能轻松地逼近月球了。

如同分级火箭一样，学会把目标分解开来，化整为零，变成一个个容易实现的小目标，然后将其各个击破，也不失为一个实现终极目标的有效方法。

把大目标进行分解之后，还要拥有锲而不舍的精神。

南非女作家戈迪默，15岁就发表了自己的第一部小说，轰动文坛。后来，她又相继写出了10部长篇小说和200篇短篇小说。曾几次被提名为诺贝尔文学奖的候选人，但都在最后的关头被淘汰了。对此，戈迪默毫不气馁地说："我要用心浸泡笔端，讴歌黑人的生活。"她在自己新著的扉页上写下了这样的话："纳丁·戈迪默，诺贝尔文学奖。"并在后面打上了一个括号，括号内写着"失败"。她不懈地努力着，终于在1991年获得了诺贝尔文学奖。

清楚表述未来之梦及人生目标之后（这会帮助你把握方向），你就可以着手制定长期和短期的目标了。目标不单可以用业绩表示，也可以用时间表示;目标可以涉及人生的各个领域,视你想取得什么成就而定。积土成山,积沙成塔,积水成渊,积小胜为大胜,积小目标为大目标,这样一点一滴地去积累成功,必定能赢得更大的成功。

7.我命由我不由天

子曰:"不知命,无以为君子也。不知礼,无以立也。不知言,无以知人也。"

——《论语·尧曰》

孔子说:"不懂得天命,就不能做君子;不知道礼仪,就不能立身处世;不善于分辨别人的话语,就不能真正了解他人。"

由这句话我们知道,孔子是相信命的,但既然相信命运,为什么还要"知礼""知言"呢?静静等待命运安排不就可以了,"知命"又有何用?

细细想来,孔子这话大有深意,"知命"何用?"知命"非"认命",而是要"改命"。只有知道自己的命运,才能改变自己的命运。"改命"靠什么?靠我们的智慧,我们的努力,我们的"知礼""知言"。

有一个人问智者:"这个世界上到底有没有命运?"

智者说:"当然有啊!"

那人又问:"既然一切都是命中注定的,那奋斗还有什么意义呢?"

智者没有正面回答那人的问题,而是笑着抓起他的手,先帮他算起命来。智者仔细察看了他的生命线、事业线、爱情线等，道出了他的不少人生经历、性格特点、身体状况、事业发展趋势。那人严肃而认真地听着，似乎智者的分析还真是八九不离十。

正当那人听得如痴如醉之际，智者突然收住话题，对他说道："把你的手伸出来，照我的样子做一个动作。"说着，他举起左手，慢慢地握紧拳头，问道："那些生命线现在哪里呢？"

那人愣愣地回答："在我手里呀。"

智者紧追不舍："请问，命运在哪里？"

那人恍然大悟，原来命运一直都在自己的手中。

古语有云："命由己造，相由心生，福祸无门，惟人自召。"人生就是这样，命运是你自己创造和把握的，因而古今中外许多成大业者，会用一生的努力去争取把自己的命运掌握在自己的手中。面对苦难，他们不是去祈求上苍的垂怜，而是积极进取，靠自己的实力拨云见日。

不同的人会有不同的成就，不同的人生终点。这不是由上天决定的，也不是由别人决定的。一个人若想改变自己的命运，首先要改变自己的心态。很多事情是先天注定的，也许你无法改变，但你有权选择如何去面对，努力向上，滴水足以穿石，命运也可以改变。

明朝有一位改命高手，姓袁名黄，字坤仪，号了凡。他通过自己长期不断的努力，改变了自己短寿、无子、无功名的命运。

袁黄乃是嘉兴魏塘镇人。有一次，他在慈云寺遇到了一位姓孔的长须长者，对方相貌非凡、飘飘若仙。这位孔先生据说是宋代邵雍的传人，精于"皇及数"，袁黄便请他回家，先以家人的八字请他算，果然灵验如神，又以自己的八字请他详批终身。孔先生一点也不含糊，算定袁黄明年县考童生得第十四名，府考第七十一名，提学考第九名，又算定某年考取禀生,某年会当贡生,而且算定他不能登科第,只可做三年小官,五十三岁八月十四日丑时寿终正寝,且无子孙。

到了第二年,孔先生所算全部应验。自此,袁黄深信人生祸福皆为命中注定,丝毫不可勉强,从此不做任何妄想,一切任由命运安排。

一次在南京栖霞山中,他偶然遇到了云谷禅师,两人在禅房对坐三天三夜,连眼睛都没有闭。云谷禅师问:"凡人所以不得作圣者,只为妄念相缠耳。你静坐三天,我不曾见你起一个妄念,这是什么缘故呢?"

袁黄说:"我已经被孔先生算定,荣辱生死,皆有定数,即要妄想,亦无可妄想。"

云谷禅师笑道:"我以为你是豪杰,原来只是凡夫。"

袁黄问何故。

禅师说:"命由我作,福自己求。"

袁黄恍然大悟,自此之后勤奋苦学,多行善事,终于考中进士,做了县令,半年后又得了一子,终寿七十有三。

蛹生于茧,困于缚,但它能筑茧为窠,破茧成蝶;莲生于淤泥,却能聚泥成栉,成就自己"冰清玉洁,馨香逸远"的品格。

一个人的命运是把握在自己手中的,美好的生活来自于自身的努力和行动。有的时候,上天给你的东西也许并不多,也许与别人相比会有很大的差距,但是只要坚持不懈地努力,你照样可以干出一番惊天动地的事业来。

经济学上有一个著名的希尔顿钢板价值说,大意是:一块普通的钢板价值5美元,如果把这块钢板制成马蹄掌,它就价值10.5美元;如果做成钢针,就价值3550.8美元;如果把它做成手表的指针,价值就可以攀升到25万美元。

对于多数人来说,人生的起点就犹如一块普通的"钢板",只值5美元。然而,经过一次又一次敲击、打磨,成为马蹄铁、钢针甚至手表指针,你的人生价值就能提高千百倍。

孔子的政治思想

孔子是中国政治思想史上最伟大的人物之一，从孔子开始，中国政治思想进入了体系完备的时代。孔子对于中国政治思想的贡献在于，他系统地整理、继承和丰富了以往的历史遗产，创立了以"仁""礼"为核心的政治思想。孔子的政治思想主要反映在他与弟子的言论集《论语》一书中，另外，孔子编定的"六经"也反映了他的基本政治思想。

孔子建立了系统而完整的理论体系，其中包括哲学、伦理、政治、教育、经济、历史、文学、美学等多方面的内容。这些内容是通过"述"与"作"两方面的工作形成的，"述"是孔子把周以前的古籍文献作了系统的整理，编写删定出六经：《诗》《书》《礼》《乐》《易》《春秋》。"作"是孔子自己的言行，主要是《论语》。

孔子的政治思想主体是仁礼学说，仁与礼是孔子政治思想的核心范畴。

一、关于仁

仁的概念，孔子以前就有。春秋前期，人们把尊亲敬长、爱及民众、忠于君主和仪文美德都称为仁。孔子继承了前人的观念，并且把它发展成了系统的仁说。什么是仁？孔子在《论语》提到仁有一百余处，含义甚广，但其基本含义有二：一是爱人。他的弟子樊迟问孔子什么是仁，孔子回答说："爱人。"《说文》有个解释："仁，亲也，从二人。"甚合孔子思想。仁，就是人与人的关系，要友善相亲，相互帮助，爱有差等。按孟子的说法是："亲亲而仁民，仁民而爱物。"是先爱自己的亲，然后普及到民，再推广到物；是先己后人，先内后外，既有次第又有厚薄，这是一种从人"自然本性"出发的"仁爱差别"。

二、关于礼

仁的第二个含义是克己复礼。在答复弟子颜渊时，孔子说："克己复礼为仁。""克己"是自觉地约束自己,"复礼"是一切言行要纳于礼。这里强调的是人的道德自觉,人们通过克制自己,达到自觉守礼的境界,达到非礼勿视、非礼勿听、非礼勿言、非礼勿动,视听言动都合于礼,这也就是仁的境界。

"礼"也是一个古老的概念,周公制定了周礼,但孔子是从多方面对礼进行论述的第一人。什么是礼?礼的含义包括两个方面:一是属于根本政治制度方面的规定。《左传》隐公十一年载:"礼,务国家、定社稷,序人民,利后嗣者也。"这是说,礼是治理和安定国家,巩固国家的制度和维护社会所需要的秩序。孔子又说礼是"王之大经也",是进行统治的根本法规、治国之纲。因此,"坏国丧家亡人必先去其礼",丢掉了礼,就要失去一切。可见,孔子这里说的"礼"实际是"社会秩序和社会制度"。二是礼仪上的规定,就是有关朝廷的祭祀、出征,以至婚丧嫁娶、待人接物等生活细节,按不同等级、身份,都有不同的礼仪规定,这叫"仪"。这里的"仪"实际是"社会秩序和社会制度"的具体形式。孔子认为,礼和仪是统一的,礼是根本,仪是从属,仪是礼的"节文"或形式;或者说,仪是用行动规范和礼节的形式来巩固和体现社会的秩序和制度。因此,礼的实现既靠强制的力量,又靠习俗力量,是内外结合,所以礼又和乐相连。孔子的"克己复礼"实际上是主张建立如周朝一样的"礼仪社会",即"秩序和制度社会"。孔子主张礼仁结合,纳仁于礼,用仁来充实礼,这是一种创新。关于礼和仁的关系,他认为,仁是礼的内在精神,礼是仁的表现形式;仁是礼的最高境界,礼是实现仁的途径。就仁和礼的本质来说,仁,归根到底反映的是根源于血缘关系的人与人之间的仁爱关系;礼,主要是规范社会的政治秩序和制度。孔子的思想体系注重仁和礼的结合,实质上就是注重人道与政治的结合,从而对周礼作了重大的修改。仁与礼并不矛盾,因为仁是内容,礼是形式,二者的结合才是一种制度的完善。

三、关于德治主张

同孔子的仁说和礼说相联系,在治国的方略上,他主张"为政以德",

认为用道德和礼教来治理国家是最高尚的治国之道,也叫"德治"或"礼治"。这种方略把德、礼施于民,实际上已打破了传统的礼不下庶人的信条,打破了贵族和庶民间原有的一条重要界限。

实行德治的具体办法:

(1)重教化,轻刑罚。孔子认为,要治理好一个国家,必须在满足百姓生活富裕的基础上加强教化。在礼刑问题上,孔子主张礼教是根本的,不得已而用刑,必须慎用,认为宽猛相济,政事才会谐和。宽猛结合,就是文武两手并用,德治与刑治都要。

(2)反对过度榨取,主张"使民也义",役使老百姓不能过分,要适宜。孔子看到了当时两极分化、贫富悬殊过大的现实,认为这是造成社会不安的基本因素,因而提出了平均主义的经济主张。他说:"有国有家者,不患寡而患不均,不患贫而患不安。"

(3)为政需正己。孔子认为,要治国正人,必先正己,正己才能正人。他说:"其身正,不令而行;其身不正,虽令不从。"所以,孔子主张统治者一定要是德高望重、身体力行的"君子",这样,为政者起表率作用,就会上行下效,自然就会政通民和、国家得治。孔子对为政者提出了一定的道德水平要求。

(4)举贤才。孔子认为,国君要治平天下,就必须举贤任能,发现和提拔优秀人才。关于贤才的标准,孔子认为应该是"志于道,据于德,依于仁,游于艺",就是要有政治理想和奋斗目标,要依据仁的精神和拥有高尚的品德,还要能娴熟地运用业务知识和技能。简言之,贤才就是要有理想、有道德、有知识和治国才能。

第五章

百忍成金，克己复礼真君子

1. 不逞匹夫之勇

子曰："暴虎冯河，死而无悔者，吾不与也。必也临事而惧，好谋而成者也。"

——《论语·述而》

孔子说："赤手空拳和老虎搏斗，不用船而自己赤足过河，这样死也不后悔的人，我不和他共事。一定要用遇事慎重、好用谋略而成功的人。"

人的一生要历经千门万坎，打开的大门并不完全适合我们，有时甚

至还有人为的障碍，因此我们会经常碰壁，或不得不伏地而行。面对这种情况，我们要学会低头，不逞匹夫之勇。胳膊拧不过大腿，量力而行，这既是一种人生智慧，也是我们立身处世不可缺少的风度，更是一种修养。

齐庄公出猎时，见一只螳螂直向庄公乘舆的前车轮而来，庄公大叫："停车！那是什么？"

御者答道："那个东西叫螳螂，是一种只知进不知退的小虫，常不衡量自己的力量，而一味地向前冲，做出与人力拼的样子，实际上一战即被消灭，是一种无知的动物。"

"它若为人，应该是天下的勇夫吧！"说着，庄公故意绕过螳螂而走。

齐庄公虽赞扬了螳螂这种敢于进攻、置生死于不顾的精神，但对它的行为却并不欣赏，深知它只不过是一个有勇无谋的"莽夫"而已。

"无谋"即没有"城府"，不懂计算、测量、运筹。对于这种人，我们向来视之为"匹夫之能"。

某次，孔子对颜回说："被任用就推行自己的主张，不被任用就收藏起自己的主张，只有我和你能做到这样！"站在旁边的子路听到这话不以为然，生气地说："您如果统率三军，找谁共事呢？"

子路是非常勇猛的人，在孔子三千学生七十二贤者中，其勇气和胆识都是独一无二的。他之所以这样问，是想证实他的实力，言语中颇有挑衅意味，或许此时他希望老师回答："当然是你这样的人了。"然而，孔子却坦白地说："赤手空拳和老虎搏斗，不用船而自己赤足过河，这样死也不后悔的人，我不和他共事。一定要用遇事慎重、好用谋略而成功的人。"

孔夫子已看出了子路的心思，在此不点名地批评了子路，暗示他只是有勇无谋,不如颜回稳重老练。其实,持这种观点的并不只是孔子,许多贤者都有此共识。

匹夫之勇,即是血气之勇,表现出来的就是无容人之量,易怒。易怒,也容易造成不良后果。

怒,对于同学、同志、同事、朋友来说,是割断友谊纽带的利刃,对亲人来说,是毒化亲情血缘的砒霜。

怒,对于手握军政大权的官员来说,往往是"小不忍则乱大谋",甚至有时就意味着战争和动乱。

春秋时,越王勾践被吴王夫差打败,在吴国被囚三年,受尽耻辱。回国后,他决心自励图强,立志复国。

十年过去了,越国国富民强,兵马强壮,将士们又一次向勾践来请战:"君王,越国的四方民众,敬爱您就像敬爱自己的父母一样。现在,儿子要替父母报仇,臣子要替君主报仇。请您再下命令,与吴国决一死战。"

勾践答应了将士们的请战要求,把军士们召集在一起,向他们表示决心说:"我听说古代的贤君不为士兵少而忧愁,只是忧愁士兵们缺乏自强的精神。我不希望你们不用智谋,单凭个人的勇敢,而希望你们步调一致,同进同退。前进的时候要想到会得到奖赏,后退的时候要想到会受到处罚,这样,就会得到应有的赏赐。进不听令,退不知耻,必会受到应有的惩罚。"

到了出征的时候,越国的人都互相勉励。大家都说,这样的国君,谁能不为他效死呢?由于全体将士斗志十分高涨,最终,越国打败了吴王夫差,灭掉了吴国。

项羽虽然是一个失败的英雄,但司马迁却称赞他说:"当年秦政治腐败,百姓纷纷起来反抗,项羽前后只花了三年时间,就把秦朝灭掉了,然后将得来的天下分封给各王侯贵族，成为称雄一方的霸主。虽然他最后失去了霸主的地位，但是他的功绩伟业，近古以来还没有人能做到。"

而刘邦做了皇帝以后，在洛阳宫摆设筵席宴请群臣的时候说："我之所以能成功，顺利取得天下，是因为能够知道每个人的特长，并且懂得如何让他发挥长处。"然后，他问韩信对自己的看法。韩信回答说："大王您很清楚自己各方面的才能与长处，其实您心里明白，说到机智与才华，您不如项王。不过我曾经当过他的部下，对他的性情、作风、才能了解得比较清楚。项王虽然勇猛善战，一人可以压倒几千人，却不知道如何用人，因此一些优秀杰出的贤臣良将虽然在他手下效命，却没能好好发挥各自的专长。所以，项王虽然很勇猛，却只是匹夫之勇，做事不懂得深谋远虑、三思而行。而大王任用贤人勇将，把天下分封给有功劳的将士，使人人心悦诚服，所以天下终将成为您的。"

所以，无论做什么事，都不要逞匹夫之勇。伟人们遇到"屋檐"，尚且知道要暂时低头，我们这些俗人何必为逞匹夫之勇而遭罪呢？

水往低处流，那是一种迂回和策略，正因为水肯在大山的阻隔下改道，最终才能赢得"青山遮不住，毕竟东流去"的胜利。先发制人固然快意，后发制人却更加有力。

自古以来，一气之下，不自量力地做出傻事、铸成败局的事例不计其数，韬光养晦才是出奇制胜的良策。

读过汉朝历史的人都知道，匈奴之患曾经是古代中国的梦魇。西汉初期，国弱民贫，面对匈奴的步步进逼和挑衅，统治者选择暂且忍气吞声，以和亲等安抚政策与之周旋，同时加紧富国强兵。直到汉武帝时期，西汉王朝的强盛已是如日中天，终于到了出兵时机，卫青、霍去病率大军穿草原、跨沙漠，万里征战十余年，将匈奴剿杀得元气尽丧，至此，匈奴之患基本从中国历史上消失。如果汉初就与匈奴硬拼，恐怕就不会有后来强盛的西汉了。

匹夫之勇是一种盲动冒进，英雄之忍是一种战术迂回。避其锋芒，韬光养晦，才能积蓄力量，把握战机，后发制人。英雄之忍可以铸成大事，匹夫之勇只能贻笑大方。面对无端的责难，面对百般嘲讽、不公的待遇，面对一切难以忍受的苦楚，我们要发扬流水不争先之隐忍精神，多一些理智，少一些鲁莽，走好人生的每一步，走稳人生的每一招，步步为营，才能招招制胜！

2. 小不忍则乱大谋

子曰："巧言乱德，小不忍则乱大谋。"

——《论语·卫灵公》

孔子说："花言巧语能败坏德行。小事不能忍耐就会败坏大事情。"

南怀瑾先生认为，整天抱怨怀才不遇，不能安分守己的人，很难有大作为，因为他们缺乏成大事者的气量。大凡器量宽大的人，都是能从"忍"字做起，能忍能让，方可成就大事。

生活中，每天面对着不同的环境、不同的事件，采取何种处世方式已不再是关键，如何控制自己的情绪才是至关重要的。

情绪这种东西是很难捉摸的，因为它是虚幻的，无形无质，无法碰触。不过，即便是再不可捉摸，你也要牢牢地把握住它，而我们唯一可以把控情绪的法门，恐怕就是"忍"了。

自古以来，评价一个人的标准，只要看他的涵养和行事风格，就知其是否是可造之材，是否有大将之风，在这里，对情绪的把控是关键。因此，要获得成功，除了基本的学识之外，"忍"之一字也是不容忽视的。

"忍"得得当，可以化阻力为动力，助你化解危机；反之，很可能误人误己。

隋朝末年，隋炀帝残暴无道，各地豪杰纷纷揭竿而起，就连许多地方官员也纷纷倒戈，起兵反隋，因此隋炀帝对那些外藩大臣的疑心很重，对那些手握大权、威望很高的人更是忌惮。

唐国公李渊7岁继爵，为人宽仁而又有远谋。每到一地，他都会悉心结交当地的英雄豪杰，多方树立恩德，因而声望很高，许多人担心他会因此遭到隋炀帝的猜忌。有一回，隋炀帝下诏让李渊到他的行宫去晋见，但当时李渊生病，未能前往，隋炀帝对此很不高兴，对李渊也起了猜疑之心。李渊有一个外甥女王氏正好是隋炀帝的妃子，隋炀帝问王氏李渊为何不来见他，王氏回答说是因为病了，隋炀帝冷冷地说道："会死吗？"

王氏把这消息传给了李渊，李渊听后便心生警惕，他知道自己已经为隋炀帝所不容，但过早起事又力量不足。于是，他故意败坏自己的名声，整天沉湎于声色犬马之中。隋炀帝听到这些，果然放松了对他的警惕。

唐公能忍，遂成不世之功。当然，所谓的"忍"，也不是说要一味忍让。朱熹就从两个方面来解读了"小不忍则乱大谋"："妇人之仁，不能忍于爱；匹夫之勇，不能忍于忿，皆能乱大谋。"

一个人做人做事,在该忍耐的时候就要忍耐、包容一点,但到了应当决断的时候,也要有决断力。有时候碰到一件事情,要当机立断,能断则断才能成事,当断不断,便会反受其乱。

3. 与人相处,距离二字很重要

子曰:"唯女子与小人难养也,近之则不逊,远之则怨。"

——《论语·注疏解经》

孔子说:"近之则不逊,远之则怨!"亲近他们,他们就会不恭敬;疏远他们,他们又会暗生怨恨。因此,与人相处,"距离"二字相当重要。

一场大雪,森林中温度骤降,两只刺猬被寒风冻得直发抖。为了不被冻死,它们紧紧地靠在一起相互取暖,可很快又分开了,因为它们身上的尖刺刺痛了对方。

但由于天气实在太冷了,它们只能继续地向彼此靠拢,然而,靠在一起时的刺痛使它们又不得不再度分开。就这样反反复复地分了又聚,聚了又分,不断在受冻与受刺这两种痛苦之间挣扎。最后,这两只刺猬终于找出了一个适中的距离,既可以互相取暖,又不至于被彼此刺伤。

两千多年前,庄子看着人们屋檐下飞进飞出的燕子,若有所悟地说:

"鸟都怕人，所以巢居深山、高树以免受到伤害。但燕子特别，它就住在人家的屋梁上，却没人去害它，这便是处世的大智慧。"

人类见着鸟举枪便射，却对身边萦绕的燕子视而不见。燕子的叫声婉转动听，却没有一个人将燕子放到笼子里，以听它的叫声取乐。燕子智慧的核心是什么？那就是距离。

比如在日常的人事交往中，我们关心某个人，给他提一些意见，也许是出于善意，但对方却未必能够理解你对他的善意。

正如孔子曾经告诫子贡："忠告而善道之，不可则止，毋自辱焉。"一个问题，说的次数多了，有时会招致对方的反感。若对方听不进你的建议和忠告，而你却不停地劝告他，他反而会与你慢慢疏远。

对爱的认同需要双方心灵的契合。因此，爱既要考虑对象和条件，也要考虑方式方法，不要使爱成为一种负担、一种伤害，不要无意中得罪了他人却不自知。

某酒店的一位女客人要求推迟预订的退房时间，并要求免除因此需加收的房费。大堂经理知道该女士是酒店协议单位的客人，按照酒店的规定可以给予一定的优待，所以立马表示了同意。

在交谈的过程中，经理留意到客人说自己是晚上8点的火车，因此仔细地询问了客人是在哪个站坐火车，而且善意地提醒客人说："酒店到火车站的路程虽然不算很远，但是这个时间段容易塞车，请您考虑是否早点儿从这里出发，以免误了火车。"但这位女士却误解了他的好意，反而说道："你不就想早点儿轰我走吗？误车我愿意，用不着你管！"

每个人的心里都会有一道防线，以保障对自己心灵的绝对支配权。你若不了解这点，过多地干涉他，他就会有种自我受到侵犯的感觉，不但不会接受你的好意，还会对你采取不友善的态度。虽然他内心明白你的建议是为他着想，但怒气上来，头脑一热，想到的便只有坏处了。

距离产生美,虽然好朋友可以亲密无间、朝夕相处,但也应给彼此留一个适度的空间。要尊重对方,不要妄图打探朋友的隐私,对朋友不愿多说的事不要刨根问底,更不能在别人面前说三道四。每个人都有自己独立的生活,有些人却总想介入朋友的生活,这种行为就好像紧靠在一起取暖的两只刺猬,为了得到彼此的温暖,却忘记了自己身上长满了利刺。

朋友间应保持适当的距离,不过多干涉对方的生活,只在一旁默默地关心对方,在他需要的时候挺身而出,为他排忧解难,这才是真正的朋友。

不要触及朋友的感情问题,因为你的评论不可能站在两个人的角度上去考虑,也无法一个人体会着两个人截然相反的感受,更不可能了解到他们由相爱到分手,从海誓山盟变为分道扬镳的整个心路历程,所以你的评论是不真实的,不切实际的。评论朋友的感情是非很可能会为你们的友情添加伤痕。

朋友之情再深,也不必天天粘在一起,因为相距越近,越容易挑剔对方的缺点和不足,忽视对方的优点和长处,长期下去,会导致矛盾摩擦甚至断交。对朋友要"敬而无失",这样可以使朋友忽视彼此的缺点,尽量发现对方的优点和长处,并对对方有所牵挂,这样,友谊才能更长久地维持下去。

如果两个好朋友在事业上能够志同道合,在生活上能够互相关心,而在私人生活上又相对独立,彼此不打扰对方喜欢的生活,那才是一种高尚的友谊,也是我们作为别人朋友所要追寻的境界。

4.保持清醒，别让赞美"捧杀"你

子曰："巧言令色，鲜矣仁。"

——《论语·学而》

孔子说："花言巧语，一副讨好人的脸色，这样的人很少有仁德的。"

钱钟书先生的散文《魔鬼夜访钱钟书先生》中有一个巧舌如簧的魔鬼，它自我夸耀说："因为你是个喜欢看文学书的人，所以我对你谈话时就讲点文学名著，显得我也有同好，也是内行。反过来说，假使你是个反对看书的多产作家，我当然要改变谈风，对你说我也觉得书是不必看的，除了你自己著的书……我会对科学家谈发明，对历史学家谈考古，对政治家谈国际情势，展览会上讲艺术赏鉴，酒席上讲烹调。不但这样，有时我偏要对科学家讲政治，对考古家论文艺，因为反正他们不懂什么……这样混了几万年，在人世间也稍微有点名气。但丁赞我善于思辨，歌德说我见多识广。"可见，虽然"巧言令色"之徒"混淆是非"、"言伪而辨"，却颇得听者青睐。因而，古代昏君之旁必伴有"花言巧语、八面玲珑"的奸臣。在历史上，在现实中，这种巧言令色，胁肩谄笑的人并没有因圣人的教化而减少。他们虽无仁德，难成正果，却有用武之地，能使别人妻离子散，家破人亡，国危天下乱。

所以，直到今天，我们仍然要牢记圣人提醒我们的话，时时警惕那些花言巧语，满脸堆着笑容的伪君子。

生活中，当我们被别人追捧、赞扬的时候，要考虑到别人拍自己马屁的因素是多方面的：因为爱，就会有偏袒；因为害怕，就会有不顾事实的讨好;因为有求于人,便会有虚夸。所以,我们必须在一片赞扬声中,保持足够清醒的头脑。

通常情况下,人在称赞别人时,有时是没有什么用意的,但有时却是别有居心。受人赞美时不能乐昏了头,而应在赞美声里领悟对方的用意,以免吃亏上当。过多的甜言蜜语犹如高利贷,听得越多,信得越深,持续得越久,越要付出昂贵的代价。

一只狐狸正在找食物,找了很久也没找到,这时,它在河边碰上了一只仙鹤。狐狸脑子一转,计上心来,换了一副笑脸对仙鹤说:"早安,聪明的仙鹤,近来您的身体好吗?"

"很好,谢谢您! 狐狸先生,您有什么事吗?"仙鹤很高兴地说。

狐狸凑近一点说:"我有些问题想请教您。如果风从北边吹来,您的头朝什么方向转?"

"当然是朝南面转啦。"仙鹤不假思索地回答道。

"如果风从西面吹来,您的头朝什么方向转?"

"朝东。"

"怪不得连人类都夸您聪明呢,要我说,您一定是世界上最聪明的动物!"

仙鹤被狐狸夸得有些飘飘然,这时,狐狸又悄悄地向前靠近了一点问:"那如果风从四面八方刮来,那该怎么办呢?"

仙鹤已经完全被狐狸的奉承话吹晕了,它得意地说:"那我就把头伸进翅膀里去——像这样。"愚蠢的仙鹤边说边把头藏进翅膀下面示范给狐狸看。可是没等它再把头露出来,狐狸"唰"地往前一扑,狠狠地咬住了仙鹤的脖子。

狐狸只凭几句好话就把仙鹤骗成了口里的美餐,这只能怪仙鹤自己对奉承话太当真了。虽然这只是一则童话，但也能给我们很大的启示。生活中，我们也常会听到赞美声，无论是真诚的还是别有用心的，我们都应该控制住自己，保持冷静和清醒，以免成为别人赞美声中的牺牲品。

战国时代，晋国遭韩、魏、赵三家瓜分，晋公子文子仓促逃难。因为怕后面有追兵，所以不敢稍做停留，连夜逃到了一个村庄。侍者告诉晋公子："此村的员外是公子的老朋友，公子旅途劳顿，不如先到他家休息，等候未赶上的家眷。"

晋公子忙说："昔日我喜欢管弦之乐，他知道以后，立刻送我一把好琴；我喜爱收集腰间的佩玉，他也拿着好玉馈赠给我。这个人只知道用物质来巴结奉承以求得功名利禄，并非真心真意待我。如今晋国失势，他如果知道我在此地，一定会出卖我，到时就来不及了。"

果然，这个员外一听到晋公子经过村庄的消息，连忙召集人马在后面苦追不舍。

物质的赠予和美丽的言辞并不能代表一个人的真心。和朋友交往时，必须要有辨别是非、判断对错的能力，不要因为珍贵的礼物和花言巧语就迷失自己。

我们应该保持一个清醒的头脑，分清哪些是实事求是的评价，哪些又是阿谀奉承之词；在阿谀奉承之中，哪些人是出于真心而稍稍过分地赞美几句，哪些人又是企图通过奉承而达到自己的目的，哪些奉承之词中含有可吸取的内容，哪些奉承话都是凭空捏造、子虚乌有，等等。

对于那些实事求是的评价，要认真听、认真记，并注意在以后的工作中继续保持这种风格。这样不仅能赢得人们的信任，也会对我们的发展起到良好的促进作用。

对于出自真心而稍稍过分地赞美几句的人，我们不妨一笑了事，抑或谦虚一下,让别人在真心赞美你的能力的同时,也认识到你的人格魅力。

对于那些为了某些目的而谄媚吹捧自己的人,我们要敬而远之,坚守住自己的本心。

5.有遗憾胜于太完美

子曰:"道之不行也,我知之矣:知者过之,愚者不及也。"

——《中庸》

孔子说:"我知道人们为什么不按客观规律做事:聪明的人易过头,愚笨的人则做不好。"这里提出了"过"和"不及"两个概念,是后来成语"过犹不及"的最早来源。

孔子指出,无论是做事太过,还是不及,都是不好的,而且一件事没做到位还可以再做,但如果做太过了,就没办法收拾了。因此,有遗憾胜于太完美。

南怀瑾先生认为:凡人做事,不论大事小事,很少能做得完美无瑕,这是人生最高的哲理。就如佛学中所说的,婆娑世界,没有一个圆满的人,没有一件圆满的事。

南宋诗人戴复古的《寄兴》中写道:"黄金无足色,白璧有微瑕。求人不求备,妾愿老君家。"

其实,没有一个生命是完整无缺的。有人夫妻恩爱,却身患重疾;有人家财万贯，却子孙不孝；有人学富五车，却相貌粗鄙。每个人的生命，都被上苍划了一道缺口，你不想要它，它却如影随形。

一个德国人为了捕杀偷吃粮食的老鼠，特地买回了一只猫，这只猫擅于捕鼠，但也喜欢吃鸡，结果，德国人家中的老鼠都被捕光了，但鸡也所剩无几了。因此，他的儿子想把猫给弄走，但他却说："祸害我们家的是老鼠，不是猫，老鼠偷我们的食物，咬坏我们的衣物，挖穿我们的墙壁，还损害我们的家具，不除掉它们，我们必将挨饿受冻。没有鸡，大不了就不吃，但是没有粮食和衣服，我们就要挨饿受冻了。"

任何人都难免有些小毛病，只要无伤大雅，何必过分计较呢？美国著名的发明家洛特纳，虽然酗酒成性，但是菲利斯顿还是诚恳邀其去自己的轮胎公司工作，最后，洛特纳发明的橡胶轮胎被装在了福特公司生产的汽车上，菲利斯顿的燧石轮胎橡胶公司也因此成为了全美最大的轮胎制造商。

这就像英国人常说的一句话：没有哪一瓶葡萄酒是没有沉淀物的！

有的时候，缺憾反而是上天给予的契机。大道五十，天衍四九，人遁其一，正因为大道未满，所以才会有变数和机遇。

很久以前，一个国家的国王有七个女儿，这七位美丽的公主是国王的骄傲。她们那一头乌黑亮丽的长发远近闻名，为了装饰那一头美丽的长发，国王送了她们每人一百个漂亮的发夹。

有一天早上，大公主醒来，一如往常地用发夹整理她的秀发，却发现少了一个发夹，于是，她偷偷跑到二公主的房里拿走了一个发夹；二公主发现少了发夹，便到三公主房里拿走了一个；三公主发现少了，也偷偷地拿走了四公主的一个发夹……就这样，到最后，七公主的发夹只剩下九十九个，她很伤心。

隔天，邻国英俊的王子忽然来到皇宫，对国王说："昨天，我的百灵鸟叼回了一个发夹，我想这一定是属于公主们的，而这也真是一种奇妙的缘分，不晓得是哪位公主掉了发夹呢？"公主们听到了这件事，都在心里说："是我掉的，是我掉的。"可她们头上明明完整地别着一百个发夹，所以心里都懊恼得很，但嘴上却说不出。只有七公主走出来说："我掉了一个发夹。"

话才说完，七公主那一头漂亮的长发因为少了一个发夹，全部披散了下来，王子不由得看呆了。

故事的结局，自然是王子与七公主从此过上了幸福快乐的日子。一百个发夹，就像是完美圆满的人生，少了一个发夹，这个圆满就有了缺憾。但正因有缺憾，未来才会有无限的转机，无限的可能性。

有一位哲人说：完美本是毒，缺陷原是福。

世上根本就没有什么是绝对完美的，事事追求完美的人必定会被生活所累。你要相信，世上的每一个人都是被上帝咬过一口的苹果，都是有缺陷的人，有的人缺陷比较大，是因为上帝特别偏爱他的芬芳。

6.挫折和考验是磨炼自己的机会

太宰问于子贡曰："夫子圣者与？何其多能也？"子贡曰："固天纵之将圣，又多能也。"子闻之，曰："太宰知我乎？吾少也贱，故多能鄙事。君子多乎哉？不多也。"

——《论语·子罕》

吴国的太宰伯问子贡说："孔夫子是位圣人吧？为什么这样多才多艺呢？"

子贡说："这本是上天让他成为圣人，而且使他多才多艺。"

孔子听到后说："太宰怎么会了解我呢？我小时候生活艰难，因为要谋生，所以才学会了这些本事啊。"

孟子曰："天将降大任于斯人也，必先苦其心志，劳其筋骨，饿其体肤，空乏其身，行拂乱其所为，所以动心忍性，曾益其所不能。"意思是说，上天用苦难来使人的性格坚韧起来，增加人所不具备的才能。

明初大文学家宋濂曾经在《送东阳马生序》里自叙自己年少时读书所经历的磨难："余幼时即嗜学。家贫，无从致书以观，每假借于藏书之家，手自笔录，计日以还。天大寒，砚冰坚，手指不可屈伸，弗之怠……当余之从师也，负箧曳屣，行深山巨谷中，穷冬烈风，大雪深数尺，足肤皲裂而不知。至舍，四支僵劲不能动……"历史上诸多伟大的人物，无一不是从坎坷磨难中走出来的。

古人云："自古磨难出英雄，从来纨绔少伟男。"试想一下，一个人生下来就衣食无忧，成长的过程中要风得风，要雨得雨，他成才的几率有多大？这样的人，一旦离开了依仗，无疑会立刻被狂风掀翻在地。那些长得最茂盛、年代最久远的大树，其根在地下绵延几十米，在它们还是小树的时候，也都经历过风吹雨打，每一次磨难都促使它的根系变长，最后终成参天大树。

因此，我们应该清楚地看到，年轻时期遭遇挫折磨难其实是一种好事。一块铁，要经过反复击打和不断地淬炼，才能变成一把修长锋利、寒光毕露的宝剑。我们的人生也是这样，一路上必要经过种种磨难，有时候甚至会磨出血来，只有这样，才能够让我们的身心更加坚韧，最后成为举世无双的"宝剑"。

有的人总是希望避开磨难挫折，殊不知一帆风顺的生活只会将自己变得如同温室里的花朵,不堪一击;还有的人,有直面磨难的勇气,却没有坚韧不拔地意志,结果被磨难打败,一无所成。这些都不可取。做人要有一种"长风破浪会有时,直挂云帆济沧海"的豪迈,面对艰难险阻,要毫不犹豫地奋力向前,这样才能为你的人生增添色彩。

在现实生活中,先甜后苦让人萎靡不振,心灰意冷,而苦尽甘来则让人厚积薄发,建功立业。有人说:"生活是最好的老师。"用生活的磨难提高自己的能力,增强自己的心志,无疑是最扎实的方式。

延 伸 阅 读:

为什么颜回是孔子最得意的弟子

儒宗孔子"诲人不倦",一生从事文化教育的时间长达数十年。相传他有弟子三千,其中贤人七十二。在众多学生中,颜回最得孔子之意,主要原因有二。

一、颜回好学,能自我改善。

孔子极为好学,他自称:"十室之邑,必有忠信如丘者焉,不如丘之好学也。"孔子认为,君子应该"博学于文",也以"文"(他勤奋学习所掌握的《诗》《书》《礼》《易》《乐》等文化知识)教授弟子。不过,孔门学问中比"文"更重要的"学",是培养君子德行和进行人伦道德实践,因而孔子强调:"弟子入则孝,出则弟,谨而信,泛爱众,而亲仁。行有余力,则以学文。"

在孔子看来,道德行为的培养比掌握文化知识更重要。他说:"君子食无求饱,居无求安,敏于事而慎于言,就有道而正焉,可谓好学也已。"

孔子教学内容广泛,其中最根本的学问是德行。《论语·先进》按照德行、言语、政事、文学分科记录了孔门优秀弟子名单：

德行：颜渊、闵子骞、冉伯牛、仲弓。

言语：宰我、子贡。

政事：冉有、季路。

文学：子游、子夏。

这个排行榜印证了孔门学问首重德行。孔子认为，人的首要任务是改善自身，把自己培养成道德"君子"。

培养德行的正确路径在于能够"反求诸己"。他指出："古之学者为己，今之学者为人。""为己之学"是将所学真知运用于自己的生命实践，真实地改善自我；"为人之学"则是以知识技能示人，以之获取功名利禄。

《礼记·大学》概括了儒家的为学目标："大学之道，在明明德，在亲民，在止于至善。"

《大学》随即指出，达成"明明德""亲民"和"止于至善"目标的路径是"格物、致知、诚意、正心、修身、齐家、治国、平天下"："物有本末，事有终始。知所先后，则近道矣。古之欲明明德于天下者，先治其国；欲治其国者，先齐其家；欲齐其家者，先修其身；欲修其身者，先正其心；欲正其心者，先诚其意；欲诚其意者，先致其知；致知在格物。物格而后知至；知至而后意诚；意诚而后心正；心正而后身修；身修而后家齐；家齐而后国治；国治而后天下平。"

"格物"是观察学习，"致知"是掌握真知；"诚意""正心"是"学而时习之"，学以致用，把所学真知落实到培养君子德行的生命实践中，改善自己的生命状态，端正内心，使自己成为善良真诚、正直平和、独立不倚的有德君子；"格物""致知""诚意""正心"综合而言就是"修身"；通过自己"修身"而感化、影响、端正家人，使家庭和睦幸福，就是"齐家"；能够"修身""齐家"的有德君子到社会上担任政治职责，推行仁义之道，亲民安邦,开创出和谐安宁的政治局面,就是"治国""平天下"。

可见,孔子的最高理想虽然是安民平治天下,而孔门学问的根本却在于"为己""修身",即先改善自身,使自己成为能行仁义的道德君子。颜回之所以在孔门德行科名列第一,是因为在实践"为己之学"方面,他是最优秀的弟子。《论语》中两次纪录了孔子称颜回是唯一"好学"的弟子。

《论语·雍也》中写道:"哀公问:'弟子孰为好学?'孔子对曰:'有颜回者好学,不迁怒,不贰过。不幸短命死矣!今也则亡,未闻好学者也。'"

《论语·先进》中写道:"季康子问:'弟子孰为好学?'孔子对曰:'有颜回者好学。不幸短命死矣!今也则亡。'"

颜回比孔子小三十岁,死于鲁哀公十四年(公元前481年),孔子去世的前两年。说上述话时,孔子已年逾七十,他认定弟子中只有颜回"好学",是教导过众多学生后的盖棺之论。

孔门弟子中不乏博学多能者,也不乏就任高位、享受厚禄者,孔子赞颜回"好学",列举的事实并非颜回善于博闻强记,或者能在社会上出人头地、功成名就,而是说他能够"不迁怒,不贰过"。"不迁怒,不贰过"指的是心态平和,情绪稳定,善于改过自新。颜回能"反求诸己",学以致用,端正自己,这正是孔子提倡的"为己之学"。"为己之学"的目的在于变化气质,培养德行,将所学真知用于改善自己的生命。在孔子看来,能够致力于"为己之学"的人才称得上"好学"。

二、颜回成仁,能安然乐生。

孔子本人安生乐生,精神乐观,生活愉快,他说自己"其为人也,发愤忘食,乐以忘忧,不知老之将至"。

从生命经历来看,孔子的一生不足以"安乐",反足以"忧惧"。他幼年无父,少年失母,早年困窘贫贱,晚年连遭妻、儿之丧;他博学多才,道德高尚,富有修养,却不为当政者所用所容;他长期周游列国,致力于实践自己的政治理念，推行仁义之道，却四处碰壁，屡陷困境，不只一次遭遇生命危险。孔子有足够的理由愤世嫉俗、怨天尤人，但他却"不怨天，不尤人，下学而上达"，一生进德修业，乐观积极，自强不息。

颜回的生命在一定程度上可谓孔子自身的人生写照。师生俩都不为环境所困，心态乐观，精神豁达。颜回家境困窘，生活匮乏，却安生乐生，心境愉悦，他的人生貌似贫寒潦倒，实则随遇而安，平和喜乐。孔子赞美颜回："贤哉，回也！一箪食，一瓢饮，在陋巷。人不堪其忧，回也不改其乐。贤哉，回也！"

北宋理学开山者周敦颐向弟子程颢、程颐提出了一个重要问题："寻孔颜乐处，所乐何事？"

这个问题的答案在《论语》中就能找到。"成仁"是孔子、颜回能"乐"的关键所在。孔颜之乐是不受欲望宰制、不为环境左右的仁者之乐。孔子指出："不仁者不可以久处约，不可以长处乐。仁者安仁，知者利仁。"

孔颜师徒能够"长处乐"，所"乐"正是有德"君子"的"成仁"之乐。"仁"是儒学的核心价值，是"德"的本质所在，因而孔子认为："富与贵，是人之所欲也，不以其道得之，不处也；贫与贱，是人之所恶也，不以其道得之，不去也。君子去仁，恶乎成名。君子无终食之间违仁，造次必于是，颠沛必于是。"

"成仁"能使人超越声色食货的感官享受，能使人漠视顺逆荣辱的外在境遇，能使人"久处约""长处乐"，遭遇贫寒困苦、颠沛险阻都能"不改其乐"，因而"仁"比富贵、食色更有价值。君子"成仁"，就是要以"仁"立身，做到"无终食之间违仁，造次必於是，颠沛必於是"。

孔子指出，精神价值"仁"不仅高于声色富贵，还高于肉体生命："志士仁人，无求生以害仁，有杀身以成仁。"

从《论语》中可见，孔子很少以"仁"赞许人，在他的学生中，唯有颜回被认为能"成仁"。他赞扬颜回："回也，其心三月不违仁，其余则日月至焉而已矣。"

"仁"的内涵丰富。综合《论语》中有关"仁"的条目可知,"仁"是超越小我,不自我中心,不自私自利,不主观专断,不刚愎自用,不固执己见,不怨天尤人;"仁"是设身处地,推己及人,"爱人""知人",同情人、理解人、帮助人,成人之美,"己欲立而立人,己欲达而达人","己所不欲,勿施于人";"仁"是善于反省,改过迁善,"躬自厚而薄责于人",严于律己、宽以待人、诚信忠厚、仁人爱物、博施济众、身居陋巷、心怀天下;"仁"是理智稳健、中庸平和、情绪稳定,不偏颇极端,不纵情任性,不大声以色,不暴躁鲁莽;"仁"是刚毅正直、独立不倚、和而不同、言行一致,不巧言令色,不做表面文章,不圆滑世故,不虚情假意,不口是心非;"仁"是坚持道义,怀抱理想,不放弃原则,不曲学阿世,不同流合污;"仁"是孝悌忠信,实践善良道德,善于向有道者学习,下学上达,敬天知命,安然顺受,以德配天。

孔颜师徒是具备上述丰富精神品质和健全豁达心态的"仁人志士",因而能够"不忧",安生乐生。在忧患挫折的生命历程中,老师孔子能"乐而忘忧";在贫寒困苦的生活境遇中,学生颜回能"不改其乐"。

在为学成仁方面,颜回是步老师后尘的忠实后学;在实践儒家核心价值仁义之道方面,师生俩志同道合。孔子引颜回为知音同道,他对颜回说:"用之则行,舍之则藏,惟我与尔有是夫!""用"就是要行仁义之道,如果行不通,那么宁可"藏",也决不能放弃自己的人生原则。

《史记·孔子世家》记载,孔子周游列国推行"仁义"之道,曾受困于陈国和蔡国之间。"绝粮,从者病,莫能兴。孔子讲颂弦歌不衰。"弟子们这时"有愠心",对孔子致力推行的仁义之道产生了疑惑。

子路反问老师:"意者吾未仁邪?人之不我信也!意者吾未知邪?人之不我行也!"子贡劝老师孔子变通求容。他说:"夫子之道至大也,故天下莫能容夫子。夫子盖少贬焉?"

只有颜回坚定不移，他说："夫子之道至大，故天下莫能容。虽然，夫子推而行之，不容何病？不容然后见君子！夫道之不修也，是吾丑也。夫道既已大修而不用，是有国者之丑也。不容何病？不容然后见君子！"

坚持原则，坚持道义，坚持理想，不"曲学阿世"，孔颜师徒以自己的生命实践昭示了仁人志士"君子儒"的品格操守。在困顿险恶的境遇中，孔子"知其不可而为之"，坚持推行仁义，既不放弃自己的社会责任，也不为现实遭遇所困，随遇而安，坦然乐生，依然"讲颂弦歌不衰"；在不为世人理解容纳的逆境中，唯有颜回能对老师说出"不容何病？不容然后见君子"的铿锵言语。孔子听了颜回的一番话，欣然玩笑道："有是哉颜氏之子？使尔多财，吾为尔宰。"

颜回是孔子的忠实追随者，《论语·先进》中说："子畏于匡，颜渊后。子曰：'吾以女为死矣！'曰：'子在，回何敢死！'"

这些记录生动说明了什么是"志同道合""生死与共""肝胆相照"。

儒家所承传的文化极为重视父系血脉传递和香火延续，然而，从《论语》的记述中可见，对于儒宗孔子而言，精神价值的传承胜过了肉体基因的延续。孔子七十岁时，独生子孔鲤死亡，七十一岁时，最得意的弟子颜回病逝。《论语》中没有孔子因老年丧子而过度哀伤的记载，颜回之死却令他哀痛异常："颜渊死，子曰：'噫！天丧予！天丧予！'颜渊死，子哭之恸。从者曰：'子恸矣！'曰：'有恸乎！非夫人之为恸而谁为！'"

孔子敬畏天命，自觉以德配天，相信"仁者寿"，深信得道者天佑，他的精神之子、仁义之道的忠实传人颜回竟短命而亡，怎能不令他生出"天丧予"的沉痛悲感而"哭之恸"呢。

第六章

以仁为美,一以贯之的忠恕之道

1.孝是仁的基本

樊迟问仁。子曰:"爱人。"

——《论语·颜渊》

樊迟问什么是仁,孔子说,仁就是爱人。这是孔子对仁最简明的一个定义。后来《中庸》讲"仁者,人也",也是这个意思。仁的内涵看起来好像很简单,其实这里面有很多问题需要辨析。

仁,既然涉及人与人之间的关系,那么,人与人之间最基本的关系是

什么呢？就是父母和子女之间的关系，简单地说，就是亲子关系。所以，人与人之间最基本的爱的情感，就是亲子之爱。亲子之爱是相互的，一方面是父母爱子女，一方面是子女爱父母，这就叫父慈子孝。在父慈和子孝的亲子之爱中，我们更应该强调子孝，因为父慈比较容易做到，而子孝却没那么容易。

所以，孔子非常重视孝，认为孝是仁的根本。

中国有首名为《劝孝歌》的古诗："人不孝其亲，不如禽与兽。"语言虽然很直白，却蕴涵着很深刻的道理。一个人，不论他生于什么样的家庭，也不论他将来的地位有多大的变化，只要他的父母还健在，他就有尽孝道的义务，这也是人之所以为人的根本。

人类一直标榜自己是万物之灵，倘若连孝敬父母都做不到，又有什么资格居高临下地谈论自然界中的动物呢？

《庄子》中曾记载："子之爱亲，命也，不可解于心；臣之事君，义也，无适而非君也，无所逃于天地之间。""是以夫事其亲者，不择地而安之，孝之至也。"孟子也讲："孰不为事，事亲，事之本也。"

古人讲"求忠臣必于孝子之门"，一个人对父母家庭有真感情，对国家也一定有责任感。换言之，忠就是孝的发挥，就是将爱父母的心情，扩展为爱别人、爱国家、爱天下。"子之爱亲，命也"，儿女爱父母，这是天性，是没有道理可讲的。然而，很多人却将父母的爱视作理所当然，不懂得"子欲养而亲不待"的道理，直到自己也有了子女，理解了为人父母的苦心，想要反哺回报，才发现已来不及了。

北魏时，房景伯担任清河郡太守。一天，有个老妇人到官府控告儿子不孝，回家后，房景伯跟母亲崔氏谈起了这事，并说准备对那个不孝子治罪。崔氏是一个知书达理、颇有头脑的人，她得知情况后，说道："普通人家子弟没有受过教育，不知孝道，不必过分责怪他们。这事就交给我来处理好了。"

第二天,崔氏派人将老妇人和儿子接到家里,崔氏对不孝子一句责备的话也没说,只每天同老妇人同床睡眠,一同进餐,让不孝子站在堂下,观看房景伯是怎样侍候两位老人的。不到十天,不孝子羞愧难当,承认自己错了,请求与母亲一起回家。崔氏背后对房景伯说:"这人虽然表面上感到羞愧,内心却并没有真正悔改,姑且再让他住些日子。"又过了二十多天,不孝子为房景伯的孝顺深深打动,真正有了悔改的诚意,不断向崔氏磕头,答应一定痛改前非,老妇人也替儿子说情,这时崔氏才同意他们母子回家。后来,这个不孝子果然成了乡里远近闻名的孝子。

崔氏很聪明,她相信每个人心中都有"仁"的存在。她无所为而为,以身教代替言传,让对方心中蛰伏之"仁"在外界的触动下得以彰显。

孝的止境,在于以父母待你之心回报,无论何时何地,无论贫穷富有,孝由心生,不由外物。《孝经》云:"用天之道,分地之利,谨身节用,以养父母,此庶人之孝也。故自天子至于庶人,孝无终始,而患不及者,未之有也。"

2.穷则穷孝,富则富孝

有子曰:"其为人也孝弟,而好犯上者,鲜矣。不好犯上而好作乱者,未之有也。君子务本,本立而道生。孝弟也者,其为仁之本与!"

——《论语·学而》

这句的意思是："做人孝顺父母，尊敬兄长，而喜好冒犯长辈和上级的，是很少见的；不喜好冒犯长辈和上级，而喜好造反作乱的人，是没有的。君子要致力于根本，根本确立了，治国、做人的原则就产生了。因此，孝顺父母，敬爱兄长，可以作为仁的根本。"

国学大师钱穆先生也认为，孔子之学所重在道。所谓道，即人道，其本则在心，而这人道最鲜明的体现是孝悌之心。所以要想培养仁爱之心，必先从孝悌开始。

现在很多人认为自己没有能力给父母买漂亮的房子，没有条件让他们过上优渥的生活，就是不孝。其实不然，因为孝敬父母不仅要在物质上有所提供，更关键的是要用心。所谓"原心不原迹，原迹家贫无孝子"，就是说，如果你把能否让父母丰衣足食看做是孝顺的话，那么家里贫穷的就没有孝子了。

只要对父母有孝顺的心，并尽自己所能让父母感到幸福，那就是最诚挚的孝顺了。

从前有个老裁缝，妻子去世以后一直孤单地生活着。他一生辛苦工作，却没攒下多少钱。现在，他已经老得不能做活了，他的双手抖得厉害，根本无法穿针，而且老眼昏花，连一条线都缝不直。他有三个儿子，都已长大成人，结了婚有了各自的家。他们忙于自己的生活，只是每周回来和父亲吃一顿饭。

渐渐地，老人的身体越来越虚弱，儿子看他的次数也越来越少。他心想："他们不愿意陪在我的身边，因为他们害怕我会成为他们的累赘。"他彻夜不眠地为此担心，最后想出了一个办法。

第二天早上，他去找自己的木匠朋友，让他给自己做了一个大箱子。然后，他又跟锁匠朋友要了一把旧锁头。接着，他找到吹玻璃的朋友，把他手头所有的碎玻璃都要了过来。

老人把碎玻璃装入箱子,并把箱子锁好,放在饭桌下面。当儿子们又过来吃饭的时候,他们的脚踢到了箱子。

他们向桌子底下看,问他们的父亲:"里面是什么?"

"噢,什么也没有,"老人说,"只是我平时省下的一些东西。"

儿子们轻轻动了动箱子想知道它有多重。他们踢了踢箱子,听见里面发出了响声。"那一定是他这些年积攒的金子。"儿子们窃窃私语。

他们经过讨论,认为应该保护这笔财产。于是,他们决定轮流和父亲一起住,照顾他。第一周,年轻的小儿子搬到了父亲家里,为他做饭,第二周是二儿子,再下一周是大儿子。就这样,三个儿子开始轮流照顾父亲。

后来,年迈的父亲生病去世,儿子们为他举办了体面的葬礼,因为他们知道饭桌下面有一笔财产,为葬礼稍微挥霍一些他们还承担得起。

葬礼结束后,他们满屋子搜,找到了钥匙。打开箱子后,他们看到的当然是碎玻璃。

"好恶心的诡计,"大儿子生气地说道,"竟对自己的儿子做出这么残忍的事情!"

"但是他还能怎么做呢?"二儿子伤心地问,"我们必须对自己诚实,如果不是为了这个箱子,直到他去世也不会有人注意他。"

"我真为自己感到羞愧,"小儿子抽泣着,"我们逼着自己的父亲欺骗我们,因为我们没有遵从小的时候他对我们的教诲。"

但大儿子还是把箱子翻了过来,想看清楚在玻璃中到底有没有值钱的东西。他把所有的碎玻璃都倒了出来,看着空箱子,三个儿子都陷入了沉默——箱子底下刻着一行字:孝敬父母。

孝顺是发自内心,由衷而出的。我们总是强调正己,而正己的伊始要从回馈父母开始。孝为百德的先行,一个不知爱父母,没有德行的人,是不可能有什么大作为的。

孝是发自内心的情感表达，没有表里如一的孝，就没有真心实意的爱。在履行赡养父母的义务时，我们要发自内心，真心地为父母做事。穷则穷孝，富则富孝，只有用一颗真正的孝心让父母开心愉快，自己才是真正尽到了孝道。

3.拥有一颗一视同仁的慈悲心

子曰："子钓而不纲，弋不射宿。"

——《论语·述而》

孔子像平常人一样，也钓鱼，也射鸟，或许是为了吃点野味，或许是为了放松心情。总之，鱼和鸟是为人服务的，可见孔子更为关心的是人，这是一种人本主义的立场。这没有什么不对，即使是主张不杀生的佛教，在刚开始的时候，也不反对人吃肉，只是不能自己动手杀而已。

但孔子钓鱼从来不用大绳索系上许多钓钩企图一网打尽，射鸟也从来不射那些正在巢里睡觉的鸟，这里表现的正是孔子对鱼和鸟的温情。也就是说，孔子首先关心的是人，是人的生存和生活，在此前提之下，对鱼、鸟、马等动物也是具有仁爱之情的。

总之，孔子的仁爱指的是人与人之间的爱，但也隐含着对人之外的其他生物的爱。后来，孟子明确地说"亲亲而仁民，仁民而爱物"，意思是说不仅要爱父母亲,还要爱一般的人;不仅要爱一般的人,还要爱万事万物。这正是对孔子仁爱思想的继承和发展。再后来,北宋的大哲学家张载讲过一句很有名的话:"民吾同胞,物吾与也。"意即每个人都是我的同胞,万事万物都是我的朋友,从这句话也可以看出孔孟思想的影响。

有一次,弘一法师到他的学生丰子恺家中做客,丰子恺忙请他在一把藤椅上就坐。

他却先把藤椅轻轻地摇动了几下,然后才慢慢地坐下去。丰子恺对此感到十分不解,却也不好意思多问。

可从那以后,法师每次坐下之前都要重复相同的动作,都是先轻轻摇动几下藤椅之后才肯坐。终于,丰子恺忍不住问法师为什么要这样,法师回答说:"这椅子里头,两根藤之间,也许有小虫伏着,突然坐下去,会把它们压死,所以先摇动两下,再慢慢地坐下去,好让它们避走。"

弘一法师在离世四个月之前,就已谢绝医药,有条不紊地交代后事。还特意向妙莲交代了几件事,其中一件是叮嘱身体火化时,在周围四角放四只装满水的小碗,以免蚂蚁进去被焚化……

古人说的"仁"是要人们的慈悲具大仁大爱。鲁迅先生也曾说过:"无情未必真豪杰,怜子如何不丈夫。"

鲁国的孟孙有一次带着秦西巴等一帮臣子和侍卫进山打猎。孟孙捉到了一只幼鹿,这只鹿十分俏丽可爱。孟孙非常高兴,就下令让秦西巴先行回府,准备杀掉吃了。

秦西巴在回府的路上突然发现幼鹿的母亲紧跟其后,不停地哀号。母鹿和幼鹿遥遥相呼,叫声十分凄惨。秦西巴实在不忍心让这一对母子骨肉分离,便私自把幼鹿放了。

孟孙打猎归来后，秦西巴对他说自己放走了小鹿，孟孙原本的兴高采烈顿时化为乌有，他一怒之下将秦西巴赶出了朝廷。

一年之后，孟孙的儿子到了读书年龄，需要找寻一位教书的老师。在人选的问题上，孟孙犯了难，怎么都找不到一位令他满意的好老师，大臣们向孟孙推荐的人，孟孙都不满意。

这个时候，孟孙突然想起了被自己赶走的秦西巴，于是立即命人去将秦西巴他请回来，拜他为自己儿子的老师。

大臣们对孟孙的做法很不理解，忍不住问道："秦西巴当年自作主张，放走了您所钟爱的鹿，他是有罪之人，您现在反而请他来做您儿子的老师，这是为什么呢？"

孟孙说："秦西巴学问出色，更有一颗仁慈的心。他对一只幼鹿尚且如此怜悯，宁可受我责罚也不愿伤害它，请他做孩子的老师，我非常放心。"

南怀瑾先生说："世界上任何一个人，在心理行为上，即使一个最坏的人，都有善意，但并不一定表达在同一件事情上。有时候在另一些事上，这种善意会自然地流露出来。这种既不是真正的仁爱，也不是伪善，只是妇人之仁而已。"

秦西巴因为不忍看到母鹿和幼鹿骨肉分离，而放走了小鹿，这在一般人的眼中就是"妇人之仁"。然而，也就是这种所谓妇人之仁才是发自内心的、真正的慈悲。俗话说貌由心生，心存善念，我们也会渐渐变得慈眉善目，面貌和蔼。怀一颗慈悲之心，多做善事，我们就能够到达心灵的仙境，触摸到善良和美好。

弘一法师也曾说过："畜生亦有母子情，犬知护儿牛舐犊，鸡为守雏身不离，鳝因爱子常惴缩。人贪滋味美口腹，何苦拆开他眷属，畜生哀痛尽如人，只差有泪不能哭。"

佛家典籍《宝鬘论》中说："每日三时施，三百罐饮食，然不及须臾，修慈福一分。天人皆慈爱,彼等恒守护,喜乐多安乐,毒刀不能害。"海涛法师则说:"学佛修行之可贵,在于常涌慈悲心,视万物与我一体,同体大慈力,同怀大悲心,即使在境界现前时,亦能超脱凡情、俗念,拂逆困厄,而不变道心。"如果人人都有一颗慈悲心,这个世界定会越来越温暖,处处充满爱和友善。

4. 以人为本,唯仁者以善待人

　　子张问仁于孔子,孔子曰:"能行五者于天下,为仁矣。""请问之。"曰:"恭、宽、信、敏、惠。恭则不侮,宽则得众,信则人任焉,敏则有功,惠则足以使人。"

——《论语·阳货》

　　子张问孔子什么是仁,孔子并没有直接说仁是什么,而是说能够在天下实行五种德行,就可以说是仁了。子张问是哪五种德行,孔子说是恭、宽、信、敏、惠。恭就是庄重,庄重就不会被人轻视侮辱;宽就是宽厚,宽厚就会得到众人的拥戴;信就是诚信,诚信就会被人信任;敏就是敏捷,敏捷就会有效率;惠就是恩惠,对人有恩惠就可以使唤人。很明显,这五种德行都是就政治生活而言的,因为子张是一个热心政治的学生,如何处理好各种政治关系,如何处理好各种政治事务,是子张尤为关切的,所以孔子针对子张的特点提出了这五种德行,告诉子张这五种德行都属于仁,做到这五种德行也就可以达到仁。

狭义的仁是指人与人之间一种爱的情感,也就是仁爱;广义的仁,是指一个人在狭义的仁的基础之上,也就是在仁爱的基础之上,综合并升华所有优秀的品德而达到的一种至高无上的精神境界。这种精神境界就是我们经常讲的"天人合一",它类似于各大宗教所讲的"人神同在",因此有一定的神秘性,无法直接说清楚,需要人们自己去经历和体会。但这种境界毕竟是对所有优秀品德的综合与升华,我们虽然不能直接描述,但可以直接说明这种境界包含哪些优秀的品德,或者说,哪些优秀的品德属于这种境界。所以,当学生问什么是仁的时候,孔子从来不直接说仁是什么,而是针对每个学生的特点,告诉他哪些品德属于仁,做到这些品德就可以达到仁。

在一个极其寒冷的冬日的夜晚,路边一间简陋的旅店来了一对上了年纪的客人。不巧的是,这间小旅店早就客满了。"这已是我们寻找的第十六家旅社了,这鬼天气,到处客满,我们该怎么办呢?"这对老夫妻望着店外阴冷的夜晚,发愁地说道。

店里的伙计不忍心这对老人出去受冻,便建议说:"如果你们不嫌弃的话,今晚就睡我的房间吧,我自己在店堂里打个地铺。"老夫妻向伙计的善意表达了感激,第二天要照店价付客房费,小伙计坚决拒绝了。临走时,老夫妻开玩笑地说:"你经营旅店的才能已经够得上当一家五星级酒店的总经理了。"

"那敢情好!起码收入多些,可以养活我的老母亲。"小伙计随口应道,哈哈一笑。

没想到两年后的一天,小伙计收到了一封寄自纽约的来信,其中夹有一张往返纽约的双程机票,信中邀请他去拜访当年那对睡他床铺的老夫妻。

小伙计来到繁华的大都市纽约,老夫妻把小伙计引到第五大街和三十四街交汇处,指着那儿的一幢摩天大楼说:"这是一座专门为你兴建的五星级宾馆,现在,我们正式邀请你来当总经理。"

年轻的小伙计因为一次举手之劳的助人行为而美梦成真。这是著名的奥斯多利亚大饭店经理乔治·波菲特和他的恩人威廉先生一家的真实故事。

无论是贫还是富,只要你能够帮助别人,就不应该吝啬自己的善心。

有两个同村的砍柴人相约去村西的山上砍柴。这两个砍柴人一个年长,一个少壮,都是砍柴的好手,但是相比之下,由于年龄和经验的差别,年长的砍柴人比少壮的这个人表现出了更大的能力。

两人来到山上,拿出砍刀砍柴,村西的这座山,山势不高而且树木繁茂。一开始,两个人的进度相差不多。过了两个多小时,天气渐渐炎热起来,少壮的砍柴人躺在地上休息了一会儿,而年长的那位依然砍柴不止,并且渐渐从山的这边移到山的那边,眼看就要比预计的时间提前一个多小时砍完。

这个时候,少壮的砍柴人从梦中醒来,看看天色暗了下来,而自己还没有砍够第二天要用的两捆柴,不由地心急起来。他不用砍柴刀,而是用手一根根地折断树枝和杂草。但是这天的天色似乎比以往暗得早,直到太阳落山,少壮的砍柴人也没有砍够第二天所需要的柴火。

这时,年长的砍柴人喊他下山,年长者看到少壮者身边只有孤零零的一捆柴时,明白这个人没有好好砍柴,他一声不响地拿过自己的一捆柴火,对少壮者说:"这下够你用一天的了,后天我们再来砍。"

少壮者说:"这些柴火都是用来卖钱的,你给了我,不是少了很多收入吗?"

年长者说:"我今天少赚,明天可以多赚,但是烧火做饭却是一刻不能受影响的。这些柴火已经够我用了,而你也不会受饿,两全其美。"

年长的砍柴人其实说出了我们很多人明白却很难做到的真理——你是一个人享用此间的美好,还是将这种美好散播到每个人的身上?独乐乐不如众乐乐。其实,再平凡普通的人,只要有一颗爱心,一样能做出让所有人感动的善行。善待别人、给予他人就是奉献,所奉献的不仅仅是物质财富,还包括精神和理念。

5.行善不着痕迹,润人于无形

子张问善人之道。子曰:"不践迹,亦不入于室。"

——《论语·先进》

"不践迹"就是说,做一件好事不必要让人看出来是善行。为善要不求人知,如果为善而好名,希望成为别人崇敬的榜样,那就有问题了。"亦不入于室",意思是不要为了做好人、做好事,而用这种"善"的观念把自己束缚起来。真正的善是无声的,默默不让人知,润人于无形当中。

在一座位于半山腰的寺庙中,香客很多,来来往往很是热闹。香客来寺庙拜佛许愿的同时,都会留下一些钱财作为"香油钱",供奉佛祖。

这天,来了一个叫花子,他参拜完佛祖之后,向着盛放"香油钱"的匣子走过去。他没有放钱,只是往里面放了一束野花。旁边的小和尚看见了想要阻止,身旁的另一个和尚却悄悄拉了拉他的衣袖,低声对他说:"这鲜花,也是香油钱。"

小和尚对这话并不是很明白,但也没有多说什么。到了晚上快要睡觉的时候,他又想起了白天的事,便拿着那束鲜花来到师父的房间。师父看见鲜花就知道是什么事情了,没有问小和尚任何话,只是看着野花面露欣赏的微笑。

小和尚本想开口问师父,但看着师父的笑容,他突然了悟了:供佛不一定非要用金钱,一束野花能让人心生愉快,这不也是一份虔诚的佛心吗?

一天,一位名叫冕的盲人乐师来看孔子。孔子出来接他,扶着他,快要上台阶时,告诉他:"这里是台阶了。"到了席位时,孔子又说:"这里是席位了,请坐吧。"等大家都坐下后,孔子又对乐师说:"某先生在你左边,某先生在你对面。"一一详细地告诉他。

等乐师冕走了,子张就问:"先生,你待他的规矩这样多,处处都要讲一声,待乐师之道,就要这样吗?"孔子说:"当然要这样。我们不但对盲乐师要如此,对这样眼睛看不见的人,我们在做人做事的态度上都应该做到这样。"

孔子的善是以"仁"为中心的,主张行善无迹。

小小的善意行为,不用言表,信手做来。善良是一件非常快乐的事情。莎士比亚曾说:"慈悲不是出于勉强,它像甘露一样从天降下尘世,它不但给幸福于受施的人,也同样给幸福于给予的人。"所以,行善无迹的人通常是最幸福的。

6.利他方能自利，害人实际害已

子曰："己所不欲，勿施于人。"

——《论语·颜渊》

利他方能自利，害人实际是在害自己。敬人者，人敬之；爱人者，人爱之；损人者，人损之；欺人者，人欺之。所以，我们应该做到自利利他，不可损人利己。阳明先生王守仁认为，义与利之间的差别很小，也就是说，如果能做一些"义"事，对他人有益，自己也一定能获得利益。

远古时候，上帝创造人类。

随着人类的增多，上帝开始担忧，他怕人类的不团结会造成世界大乱，从而影响到他们稳定的生活。

为了检验人类之间是否具备团结协作、互助互帮的意识，上帝做了一个试验：

他把人类分为两批，在每批人的面前都放了一大堆可口美味的食物，却给每个人发了一双细长的筷子，要求他们在规定的时间内把桌上的食物全部吃完，不许有任何的浪费。

比赛开始了。

第一批人各自为政，只顾拼命用筷子夹取食物往自己的嘴里送，但因筷子太长，他们根本无法将食物送到自己的嘴里，而且因为大家你争我抢，造成了食物的极大浪费。

上帝看到此，摇了摇头，为此感到失望。

轮到第二批人开始了。

他们一上来并没有急着用筷子往自己的嘴里送食物，而是大家一起围坐成了一个圆圈，先用自己的筷子夹取食物送到坐在自己对面人的嘴里，然后，由坐在自己对面的人用筷子夹取食物送到自己的嘴里。就这样，在规定时间内吃完了整桌的食物，并且没有造成丝毫浪费。

第二批人不仅享受到了美味，还获得了更多彼此的信任和好感。

上帝看了，点了点头，为此感到欣慰。

但世界总是不完美的，于是，上帝在第一批人的背后贴上了五个字，叫"利己不利人"，而在第二批人的背后贴上了另外五个字，叫"利人又利己"。

人活在世上，虽然不能做到利人不利己，却可以从利己想到利人，所谓"自利利他"。利己与利他并不总是处于对立的位置，很多时候，二者完全可以统一起来。人都有利己的一面，这是由于每一个生命个体都有自己生存的各种各样的需求。在利己意识的驱动下，人做出了种种行为，而这种行为的客观结果是有可能达到利他效果的。

雍正年间，京城有一家规模很大的药店。这家药店制药、选药都特别地道，连雍正皇帝都很相信他们的药，让他们承揽了为宫中供应药品的全部生意。

有一年，恰逢科举考试，会试正是三月，称为"春闱"。前一年冬天没下多少雪，一开春气候反常，疫病流行，赶考举子病倒很多。即使有些人还能支撑，也多是胃口不开，精神萎靡。当时，科场号舍极其狭小，坐下去伸不直双腿，而且一连三场考试不能离开，体格稍差者尚且支持不住，更何况那些精神不爽的人呢？

这家药店抓紧配制了一种专用药，托内务府大臣奏报雍正皇帝，愿

意将此药免费送给每一个入闱举子，让他们带入考场，以备不时之需。

雍正皇帝听说此事后，大为嘉许。得到批准后，这家药店派专人守在贡院门口，赶考举子入闱之时，不等他们开口，就在他们考篮里放上一包药。这些药的包装纸印得十分讲究，上有"奉旨"字样，而且随药包另附一张纸，把自家的药名都印在上面。

结果，一半是因为这家药店药好，一半也是这些赶考举子运气好，这一年入闱举子中，因病退场的人很少。

这么一来，举子们不管中与不中，都开始来这家药店买药。更重要的是，来自各省的举子们把这家药店的名声传扬到了各地，远至云南、贵州都知道京城有一家这样的药店，这家药店的生意也因此更加兴隆了。

这家药店能够取得这么大的成功，就是因为它懂得"利他方能自利"的道理。

如果我们每一个人都能做到利他，那么我们每个人也能够自利，这便是所谓的"我为人人，人人为我"。因为我们在别人眼中也是"他"，对别人来说是利他，对自己来说就是利己。如果人人都不管"他人"，而只顾自己，那么我们自己就成了人人都不管的"他人"。然而，在这个群体共生、互助依存的社会上，只靠自己是远远不够的。一个人的能力是有限的，需要借助他人的力量，因此，用一颗利他的心去对待他人才是生存之道。

7. 自省致圣，君子心中有仁义

子曰："参乎！吾道一以贯之。"曾子曰："唯。"子出，门人问曰："何谓也？"曾子曰："夫子之道，忠恕而已矣。"

——《论语·里仁》

孔子说："参啊！我的学说贯穿着一个基本思想。"曾子说："是。"孔子出去以后，学生们问曾子说："老师的话是什么意思呢？"曾子说："老师的学说，不过就是忠恕两个字罢了。"

什么是忠？什么是恕？

曾子没有说，但孔子自己在别的地方有过解说。

忠恕是孔子待人的基本原则，是一个问题的两个方面，所以，孔子说是"一"以贯之，而不是"二"以贯之。

孔子所说的忠，是从积极方面来分析的。他曾经在《雍也》篇里说："己欲立而立人，己欲达而达人。"这句话的意思是：自己要想有所作为，就要尽心尽力地让别人也有所作为；自己想要达到的，就要尽心尽力地让别人也达到。这其实也就是人们通常所理解的待人忠心的意思。

孔子在分析恕时，是从消极方面说的，也就是孔子在《卫灵公》篇里回答子贡"有一言而可以终身行之者乎"的问题时所说的："其恕乎！己所不欲，勿施于人。"自己不愿意的事，不要强加给别人。

总的来说，忠恕之道就是人们常说的将心比心、推己及人。自己想这样，要想到别人也想这样；自己不想这样，要想到别人也不想这样。我们今天在中小学生中开展"心中有他人"的活动，从某种意义上说，正是在推行忠恕之道。推而广之，所谓"让世界充满爱"，又何尝不是忠恕之道的体现呢？

孔子的智慧是一种"爱"的抽象，即东方文化核心的抽象，正确处理人与人、个人与集体、人与社会、人与自然界的关系。更直白地讲，世界的一切就是"关系"，就是"处理关系"。我们所努力的，就是尽可能正确地去认识关系、把握关系、处理关系，人类社会也逃不出这个"关系"。"关系"和谐，方能存在与发展；"关系"不和谐，必导致灾害，甚至毁灭。

"仁"是孔子确立的最高理想人格和道德准则，"忠恕之道"则是为仁的基本原则和方法，其间蕴含的宽容平和与不强加于人的心态，正是人类个体之间、社群之间、种族之间、国家之间，乃至天、地、人、物之间，交互尊重、共存共生的相依之道。他认为，人与人之间在利益上是相互依存、不可分割的整体。无论什么样的人，要想在社会上安身立命，成就一番事业，就必须以他人的生存与发展为前提。恨人即是恨己，爱人即是爱己，这个意思就好比我们在山上呐喊，我们说一声"我恨你"，回音也必定是"我恨你"；反之，"我爱你"的回音必定是"我爱你"。所以，付出良善，得到的必定是同样的回报。

把我当作他人，意在破除我执，达到"无我"的精神境界。想要做到这一点，首先得有一颗愉快的平常心，就像佛的弟子一样，无欲无求，它的中心做法是同一切功利、是非保持距离，不执一切，欣赏一切。在逆境中不失意，不愤愤不平，不愤世嫉俗；在顺境中不得意、不欢喜，不为别人的称赞、颂扬所动，终日行云流水，时时保持生命的安详原态。

一个人，只有把自己当作他人来看待，才能正确看待他人，快乐地同他人相处，得到美的感受。正确看待他人，正如欣赏落日的景色一样。我们能够欣赏落日，就在于我们不控制它、不强求它。观赏时，我们不会说："左边角上的橙色该淡些，右边角上的红色可浓些，底下的云彩太黑了！"我们会任它所具有的形态去接受它、欣赏它。看待他人亦然。对自己，这样的体验有利身心安详；对别人，则会令人感到舒适愉悦，美自在其中矣。

延伸阅读：

"仁"是儒家学说的核心

"仁"字始见于儒家经典《尚书·金滕》："予仁若考。""仁"指好的道德。孔子首先把"仁"作为儒家最高道德规范，提出了以"仁"为核心的一套学说。"仁"的内容包涵甚广，核心是爱人。"仁"字从人从二，也就是人们互存、互助、互爱的意思，故其基本涵义是指对他人的尊重和友爱。

孟子在孔子"仁"说的基础上，提出了著名的"仁政"说，要求把仁的学说落实到具体的政治治理中。孟子提出的一些切于实际的主张，重点在改善民生，加强教化。其首要之点是"制民之产"，要求实行"五亩之宅，树之以桑，五十者可以衣帛矣；鸡豚狗彘之畜，无失其时，七十者可以食肉矣；百亩之田，勿夺其时，八口之家可以无饥矣；谨庠序之教，申之以孝悌之义，颁白者不负戴于道路矣。老者衣帛食肉，黎民不饥不寒，然而不王者，未之有也"。把仁政说与王道政治联系起来。认为人皆有仁爱之同情心，即不忍人之心，主张"以不忍人之心，行不忍人之政，治天下可运之掌上"。行仁政，天下可得到治理；不行仁政，则天下难以治理。孟子认为，即使是百里小国，只要行仁政，天下百姓也会归之而王。他对梁惠王说："地方百里而可以王。王如施仁政于民，省刑罚，薄税敛，深耕易耨。壮者以暇日修其孝悌忠信，入以事其父兄，出以事其长上，可使制梃以挞秦楚之坚甲利兵矣。"行仁政须落实到"省刑罚，薄税敛"，发展农业生产等要事上来，只有这样，才能巩固国家经济政治生活的基础。在此基础上，修德行教，使仁爱之心推而广之，即使是坚甲利兵也能战而胜之。强调以仁政统一天下，进而治理天下，提倡以德服人的"王道"政治，反对以力服人的"霸道"政治，批评暴力，反对战争，这是儒家仁政理论的基本出发点。

与"仁政"学说及重视人权、满足人的基本物质生活需求的理论相联系，从政治治理的实践和人的生存发展的实际需要出发，儒家重视民生，主张满足人们求生存的基本物质欲求，并倡富民思想，强调先富后教、使民从善，然后政权得以稳固。孟子说："无恒产而有恒心者，惟士为能。若民，则无恒产，因无恒心。苟无恒心，放辟邪侈，无不为已。乃陷于罪，然后从而刑之，是罔民也。焉有仁人在位，罔民而可为也？是故明君制民之产，必使仰足以事父母，俯足以畜妻子，乐岁终身饱，凶年免于死亡。然后驱而之善，故民之从之也轻。"儒家认为，民生是治国之本，民以食为天，衣食足、有恒产，才有恒心，满足了百姓的衣食需求，国家才能稳固而得到治理。

儒家经典《周礼》提出"保息养民"的六项措施，即"一曰慈幼，二曰养老，三曰振穷，四曰恤贫，五曰宽疾，六曰安富"。富而安之，体现了儒家早期的富民思想。

孔子提出了富而教之的思想，"子适卫，冉有仆。子曰：'庶矣哉！'冉有曰：'既庶矣，又何加焉？'曰：'富之。'曰：'既富矣，又何加焉？'曰：'教之。'"使众多的人民生活得到满足而富裕，然后施之以教，使人民有道德。把富民作为施教的前提和基础，可见孔子对富民的重视。此外，孔子还把富民与利民，满足人民的物质生活利益联系起来。他说："因民之所利而利之。"强调利民、富民、保民、爱民，体察和顺应民心的向背，这是儒家富民思想的特征。孟子也认为，物质财富得到很大的丰富和满足，百姓还有不仁的吗？他说："圣人治天下，使有菽粟如水火。菽粟如水火，而民焉有不仁者乎？"满足了百姓的生活需求，使之富足，就会使民众达到仁的境界而国安。而民穷则争，争则起暴乱，国难以治。可见，民富才能国安,使老百姓安居乐业,民富而国富,是儒家政治思想的基本点。

孔子的最高境界是仁,但这不是个人处世的"匹夫之仁"或小恩小惠的"仁",而是治理有方、为民造福的大仁大义。"克己复礼,仁在其中",好像"仁"这个境界很容易达到,但孔子说的不是个人的"仁",而是有权势在手的统治者的"仁"。要这些人克服自己的私心欲望,遵守秩序,有步骤地管理国家,并不容易,连孔子自己也不敢说能做到,只敢说自己好学,常自我反省,希望能接近"仁"。

第七章

用人以德，领导者的器量决定成就

1. 用人要摒弃个人喜恶

子张问崇德、辨惑。子曰："主忠信，徙义，崇德也。爱之欲其生，恶之欲其死，既欲其生，又欲其死，是惑也。'诚不以富，亦只以异。'"

——《论语·颜渊》

子张问怎样提高道德修养水平和辨别是非迷惑的能力。孔子说："以忠信为主，使自己的思想合于义，这就是提高道德修养水平了。爱一个人，就希望他活下去，厌恶起来就恨不得他立刻死去，既要他活，又要他

死,这就是迷惑。正如《诗经·小雅·我行其野》所说的:'即使不是嫌贫爱富,也是喜新厌旧。'"

　　万历皇帝十岁登基,在一系列的宫廷斗争后,掌印太监孟冲被司礼监太监冯保取代,首辅高拱被张居正取代。由此,在万历皇帝的身边形成了三个核心的权力集团,那就是太后李氏、掌印太监冯保和首辅大臣张居正。

　　万历皇帝年幼,对权力没有什么概念,更何况在太后李氏的严厉教导之下,万历也没有太多的自由,整个朝政基本上都把持在张居正的手中,张居正由此得以推行"万历新政"。在太后李氏的信任和支持下,在掌印太监冯保的帮助下,张居正的仕途走得风生水起,而万历皇帝对张居正也非常尊敬。万历皇帝年幼,不通政事,张居正掌理朝政正好让万历有时间玩耍。张居正对万历皇帝忠心耿耿,万历也是看在眼里,因此他一直对张居正非常感激,一直称他为元辅。有一次张居正腹痛,万历皇帝还亲自做了一碗拉面给他。

　　这种和谐的君臣关系一直维持了十年, 这是张居正最风光的时间。然而,随着万历皇帝逐渐长大,他开始对权力有了渴望,但在三人的压制之下,万历皇帝根本就没有掌权的机会,太后李氏甚至对万历皇帝说,三十岁之前不能掌理朝政。长期受到压抑的万历皇帝开始对权臣张居正产生怨恨,但在三人的制约下,万历皇帝只能隐忍不发,这种怨恨被压抑之后变得更加强烈了。

　　张居正死后,他在改革时期得罪过的亲贵纷纷上奏弹劾他,而彻底将朝政揽过来的万历皇帝则以此为由头, 对死后的张居正进行了清算。万历皇帝在都察院参劾张居正的奏疏中批示道:"张居正诬蔑亲藩,侵夺王坟府第,箝制言官,蔽塞朕聪。……专权乱政,罔上负恩,谋国不忠。本当断棺戮尸,念效劳有年,姑免尽法追论。"最终,张居正家被抄,其长子自杀于狱中。

权力会促使这两种极端感情更加极端化，因而在领导者的身上，这两种感情演绎得更加可怕。历朝历代，多少权倾一时的大臣最终都难免悲惨的下场。

雍正年间的年羹尧，驰骋疆场，配合各军平定西藏乱事，率清军平息青海罗卜藏丹津，立下赫赫战功。官至四川总督、川陕总督、抚远大将军，还被加封太保、一等公，高官显爵集于一身。在雍正朝前期，雍正皇帝对他可谓是宠信有加。可是一朝失宠，便是削官夺爵，家产全部抄没，还被赐自尽。最后，雍正皇帝赐死他还嫌不够，硬是给他罗列了九十二条大罪，让他遗臭万年。

人是一种容易被情绪左右的动物，当这种情绪超过一定的限度，掩盖住人的理性时，我们就无法客观地看待问题，也不愿意深入地了解事态发展的实质，这样自然就无法做出客观的判断和积极的措施。

有些领导者喜欢一个下属的时候，对他是言听计从，宠爱有加，下属做的所有事情都可以包容，甚至连他工作中的不足都可以熟视无睹，性格的缺点在他眼里都变成了优点，旁人善意的劝告也从来都听不进去。

然而，一旦因为某些缘故导致宠信不再，这种情绪就会转入另一个极端，由喜爱转变成更加浓烈的厌恶。下属往日的种种作为都会成为他发作的导火线，甚至连优点也会变成缺点：勤恳工作会被看成自我表现，善意的提醒也会被视为别有用心……于是，恨不能立即叫他辞职，让他从此没有生存立足之地。

其实，对于一个人该用还是不该用，不能取决于领导者个人的好恶，必须秉着客观的原则进行考察。是人才,无论自己怎样厌恶,该用的还是要用;不是人才,无论自己多喜欢,都要舍弃。因此,身为领导者,必须避免情绪化的行为,否则就不能成为一个合格的领导者。

2.不拘一格用人才

子谓仲弓,曰:"犁牛之子骍且角,虽欲勿用,山川其舍诸? "

——《论语·雍也》

孔子谈到仲弓时说:"耕牛产下的牛犊长着红色的毛,角也长得整齐端正,人们虽想不用它做祭品,但山川之神难道会舍弃它吗?"

仲弓就是冉雍,孔子最得意的学生之一,孔子曾说过他有成为将相的才具,谓之"可使南面"。可惜他出身不好,家境贫苦,他父亲当时品性也不高。这句话就是孔子勉励他的。

安德鲁·卡耐基说:"带走我的员工,把工厂留下,不久后工厂就会长满杂草;拿走我的工厂,把我的员工留下,不久后我们还会有个更好的工厂。"

由此可以看出,人才是成就事业的基础。自古以来成就一番功业的帝王,哪一个手下不是人才济济。只要有人才,一切都是有可能实现的。

建元元年(公元前140),雄才大略的汉武帝刚刚即位,就下诏招选贤良文学之士。

当时的西汉王朝的官场风气十分讲求门第，在朝为官的多出于仕族官门。年幼的汉武帝为了巩固自己的势力，大胆破格起用了一批布衣儒生为卿相，年逾花甲的公孙弘就是其中一位。

公孙弘家境贫寒，年轻时曾经当过薛县的监狱官吏，但不久就因为犯错而被罢官。为了侍养老母，他不得不在海边放猪谋生，直到四十多岁时，他才开始专心学习《公羊春秋》以及各家解释《春秋》的著作。他十分孝顺而谨慎，学习刻苦，所以很快就成为了著名学者。

公孙弘以贤良的身份被征召入京，当了博士。他奉命出使匈奴，回来后向武帝报告情况，结果不合武帝的心意，武帝发怒，认为公孙弘无能，将其罢官。

元光五年(公元前130)，汉武帝出于政治改革的需要，亲自出题，选拔儒士，征求治国之良策。在策问中，公孙弘以儒家思想为本，以齐法家为用，奉天人感应说，讲"君权神授"，要求君主顺从"天德"以治天下。主张"遇民以信"，强调"民信"贵于赏罚，并由此提出"治民之本"的八条原则；在治政的指导思想上，主张以儒家仁、义、礼、智、信为治之本、道之用，同时又糅合进法家"术"的思想，主张礼义，赏罚并用。

征召的一百多个儒士的对策文章中，公孙弘的对策文章按等次被排在最后，但汉武帝非常欣赏公孙弘的思想，将其提拔为了第一。接着，汉武帝召公孙弘入宫，见他不但文采飞扬，而且相貌堂堂，就再次立其为博士。

公孙弘在儒学方面的贡献，对后世产生了极其深远的影响，他提出的治国指导思想、采取的一系列有效措施，为西汉全盛时期的到来作出了不可磨灭的贡献。

为政之要，首在得人。周文王渭水访贤，萧何月下追韩信，刘玄德三顾茅庐,古往今来,无数事实证明,只有广泛吸纳人才,让这些学有专长的人来帮助自己,才能更好更快地达到预期的目的。

清代龚自珍在《己亥杂诗》中写道:"我劝天公重抖擞,不拘一格降人才。"龚自珍认为,一个国家要振兴,需要各方面的人才。因此,在人才的选拔上,不应该拘泥于各种条条框框,只要是有一技之长者,都应收于己用。

"舜发于畎亩之中,傅说举于版筑之间,胶鬲举于鱼盐之中,管夷吾举于士,孙叔敖举于海,百里奚举于市。"自古英雄不问出处,无论出身如何,只要是人才,都应该选拔出来,为己所用。所谓的"不拘一格",就是要打破规矩,打破标准,唯才是举。

武则天是用人唯贤的君王,在她执政期间,想出了很多办法来发掘人才,除了正常的科举考试以外,她还鼓励地方官员推荐和自荐。在这一过程中,不论出身门第,只要有才能都可以自荐。为了选拔出真正的人才,她还亲自主持选拔,我们今天所熟知的科举考试的最后一关"殿试",就是由她所创。

同时,她还一改以往只选拔文人的弊病,开设武举科,鼓励习武之人参加,以选拔能征善战的将士。武则天一朝,人才济济,李良嗣、狄仁杰、姚崇等人都是经武则天破格提拔而凸显出来的能臣。

很多人总是一边感叹着人才难求,一边却毫不犹豫地将大把的人才拒之门外。看看刘邦手底下都是些什么人:韩信是混混,樊哙是狗屠,彭越是强盗,周勃是吹鼓手,灌婴是布贩。在古人眼中,这些人出身卑贱,但刘邦照样委以重任,并靠着这些人成就了自己的帝王霸业。

身为一个领导者,局限于各自的阅历和眼力,不是每个人都能成为伯乐,一眼就能看出谁是贤才、谁是庸才的,但我们一定要有魄力,一旦认定了一个人有才华，就不能被一些旁枝末节所左右。选拔人才的条条框框越多，你所能选到的人才就会越少，而且，若完全是中规中矩的人，最后未必会成什么大事。

3.用人不疑，疑人不用

定公问曰："君使臣，臣事君，如之何？"孔子对曰："君使臣以礼，臣事君以忠。"

——《论语·八佾》

孔子认为，君王任用臣子要符合礼的规范，臣子侍奉君主要用忠心。

所谓用人之道在于礼者，是说对于所用之人，要以制度节制其言行，以机制约束其行事。若守于制度、合于机制，自然不会滥用职权，也没有机会以权谋私，用之何需多疑？若无制度以节制其言行，约束其权力，难免滥用职权谋取私利，疑之又有何用？

武德二年十一月，唐高祖命秦王李世民率军征讨刘武周，不到两年，李世民就将刘武周全军击溃。经过宇文士及劝降，尉迟敬德与刘武周麾下另一员大将寻相连同许多部下都投降了李世民。但是没过多久，寻相就带着其他将领叛逃了。

当时有人猜测尉迟敬德可能也会反叛，所以未向李世民请示，就将尉迟恭给抓了起来，还力劝李世民说："尉迟敬德本来就归降咱们不久，现在我们怀疑他会反叛，又关了他这么长时间，他必然心生怨恨。此人勇猛异常，留着将来可能是祸害，不如宰了利索。"

但是李世民却说："尉迟敬德是比寻相更厉害的人物，他要是想反，还会落到寻相后头吗？"结果，非但没有杀他，还将他放了出来，并召其入卧室，温语相慰。尉迟敬德被李世民的赤诚相见所感动，发誓"以身图报"，后来果然为李唐王朝立下了赫赫战功，更在后面的"玄武门之变"中帮助李世民夺得皇位。

李世民登基之后，鉴于历代帝王用人"多疑"的弊病，深感"傥君臣相疑，不能备尽肝膈，实为国之大害也"，决定用人不疑。他说："为人君者，驱驾英才，推心待士。"意思是为人君主，一定要对臣下以诚相待，这样，天下英才才会任由驱使。

齐桓公成为四诸侯国盟主之后，因宋国背盟而决定伐宋。途中遇到管仲推荐的卫人宁戚，在重用之前，有大臣建议先打听了解一下，齐桓公却说，既然是仲父推荐的，就不要打听了，省得知道一些小毛病影响对此人的重用，用人不疑，疑人不用。后来，宁戚果然在劝说宋国与齐国订立盟约方面作出了贡献。

欧阳修曾经说过："任人之道，要在不疑。宁可艰于择人，不可轻任而不信。"要使用好一个人，就必须做到信任他，否则有再好再多的人才也是白费。如果你对这个人心怀疑虑，就不要用他；一旦决定用他，你就要放手让他去做。

然而，"用人不疑"说起来容易，做起来却很难。在几千年的封建官场上，厚颜无耻的小人辈出，尔虞我诈的谗言肆行，三人成虎的例子比比皆是,即使是开明的帝王也常常受其蛊惑。

李牧是中国战国时期赵国的将领,战功显赫,生平未尝败绩,与白起、廉颇、王翦并称战国四大名将。

公元前234年,秦王嬴政派将军桓齮攻赵,赵国派出的将军扈辄不敌败北,桓齮占领了平阳和武城。李牧临危受命,率军防守赵国都城邯郸。次年,李牧在宜安重创秦军,取得了重大胜利,夺回了被秦国占领的土地,被封为"武安君"。此后,秦国不断派出军队攻击赵国,均被李牧击退,李牧在赵国声望大振。

公元前229年,秦国趁赵国连年天灾再度发起攻击,李牧率军顽强抵抗。秦国见难以取胜,便派间谍贿赂赵国权臣郭开,要其离间李牧和赵王。由于李牧战功显赫,赵王心存畏惧,因而轻信谣言,下令李牧将兵权交给赵葱和颜聚。李牧知二人无能而拒交兵权,此举更加重了赵王的疑虑。之后,赵王派人暗中捕获李牧,并将其杀害。李牧死后三个月,赵国即被秦国所灭。

美国管理学家艾德·布利斯认为:"当你授权的时候,要把整个事情托给对方,同时交付足够的权力让他做必要的决定。"这就是著名的"布利斯原则",管理者们也常常称此为"授权法则"。

"用人不疑,疑人不用",这是管理中的重要原则。当管理者授权他人办事的时候,必须把足够的权力交付于他人,否则将会事倍功半,枉费力气;更有甚者,因为不信任,而使得自己和部下之间产生隔阂,最后让有才能的部下纷纷离自己而去,就像赵王一样,因为猜忌而自毁长城。

4.苛刻待人,等于孤立自己

子曰:"居上不宽,为礼不敬,临丧不哀,吾何以观之哉?"

——《论语·八佾》

孔子说:"居于执政地位的人不能宽厚待人,行礼的时候不严肃,参加丧礼时也不悲哀,这种情况我怎么能看得下去呢?"

执政者、领导人以及各级单位主管,如果对待下属不宽厚,过于苛求,就会有很严重的偏差。纵观中国历史,记载了许多做人或做官过分尖刻或凉薄的故事。有的时候,为人太过精明,就容易限制下属才能的发挥。

东汉史学家班固所著的《汉书》中有一句话:"明有所不见,聪有所不闻,举大德,赦小过,无求备于一人之义也。"意思是:视力敏锐却有所不见,听力灵敏却有所不闻。注重大的才能,放过小的过错,对人不求全责备,这才是一个明智的人所应该做的行为。

楚将子发的帐下有一个其貌不扬,号称"神偷"的人,此人无大才,一直没有立下什么功勋,但依然被子发奉为上宾。有一次,齐国犯境,子发率兵迎敌。尽管楚军中不乏多谋者和能征善战的将军,但是在强大的齐国军队面前,这些人却没有发挥太大的作用,楚军连败三场,大将子发无计可施,一筹莫展。

这个时候,"神偷"主动请缨前往齐国大营。趁着天黑,他来到齐国中军大帐，将齐军主帅的睡帐偷了回来。第二天，子发派使者将睡帐送还给齐军主帅，并对他说："我们出去打柴的士兵捡到了您的帷帐，特地赶来奉还。"当天晚上，"神偷"又去了齐军大帐，这一回，他把齐军主帅的枕头偷了回来，第二天再由子发派人送回。第三天晚上，他又把齐军主帅头上的簪子也偷了来。齐军主帅大惊，对幕僚们说："如果再不撤退，恐怕子发要派人来取我的人头了。"于是，齐军不战而退。

《大戴礼记·子张问入官篇》中有云："水至清则无鱼，人至察则无徒。"意思是说，河水如果太清澈了，鱼儿就没法在里面生存；一个人如果太过苛刻了，就很难交到朋友，没人敢跟他打交道。

历史上许多有所作为的帝王，他们遇到大事的时候从来都不含糊，但在一些小事情上却常常都是睁一只眼闭一只眼，他们从来都不会用自己的"察察之明"把属下逼得战战兢兢、如履薄冰。

李卫，字又玠，江南铜山（今江苏省徐州市）人，清代名臣，康熙五十六年靠捐资入仕，成为兵部员外郎。李卫出生于江苏丰县一家家境比较富裕的人家，自小便没有什么读书的天分，不过家里对他的期望却非常大，一直都想让他进仕。最后，眼见他科考无望，只好花钱给他捐了个小官。

原本像他这种不是科举出身的官员是不大会受重用的，但李卫却有着当时官场上很多人没有的优点。他敢作敢为，不畏权贵，是一个不可多得的正直官员。李卫上任的时候，是康熙末年，官场中百弊丛生。他一到任便立刻进行整顿，毫不留情地弹劾了那些不法官吏，即使是皇亲国戚，李卫也不给情面。正因为这一点，他被极度厌恶贪腐的雍正皇帝看重，雍正登基之后，立刻重用了他。

然而，李卫身上也有很多缺点，他生性骄纵，粗鲁无礼，尖酸刻薄，又有点贪财,经常接受别人的馈赠。因此,李卫在官场上的人际关系搞得并不好,他的很多同僚都对他不满,经常有人向皇帝告他的状。然而,雍正皇帝对于这样的一个人并没有求全责备,他曾这样说:"李卫之粗率狂纵,人所共知者,何必介意。朕取其操守廉洁,勇敢任事,以挽回瞻顾因循,视国政如膜外之颜风耳,除此他无足称。"

正因为雍正皇帝这种"举大德,赦小过"的用人原则,不苛求属下的小过小错,所以终雍正一朝,李卫始终是荣宠有加。李卫读书不多,不认识多少字,但就是凭着这在当时士林"几近于文盲"的资历,最后竟然官至直隶总督。当然,他也为雍正皇帝严治贪腐、肃清吏治的诸多改革制度作出了莫大的贡献。

正所谓"冕而前旒,所以蔽明;黈纩充耳,所以塞聪","旒"是指古代帝王礼帽前后悬垂的玉串,"黈纩"则是帽子两边悬挂于耳旁的黄绵所制的小球。这正是告诉那些古代的帝王们,作为一个上位者,凡事不能太过明察秋毫,有的时候,适当地装装糊涂也是很必要的。

5.听得进"逆耳忠言"

良药苦口利于病,忠言逆耳利于行。

——《孔子家语·六本》

苦口的药虽然让人很难吞咽，却有利于治病；忠诚的话虽然有点伤人，但有利于人们改正自身的缺点。

在中国几千年的封建社会中，帝王的权力是至高无上的，很少有力量能够制约。虽然历朝历代都有言官谏臣，规劝君王种种行为，但听或不听还是取决于帝王自己。而且，帝王掌握着言官们的生杀大权，一不顺意，便是身死族灭的下场。古往今来，不知多少忠臣谋士因敢于犯颜进谏，慷慨陈辞，而悲壮地倒在宫门外。

唐太宗有一次下朝后生气地说："真该杀了这个乡巴佬！"文德皇后问："谁冒犯陛下了？"太宗说："还有谁能比魏征更让我生气。每次朝会上都直言进谏，经常让我不自在。"皇后听了退下去，过了会儿，她穿着朝服站在庭院里向太宗祝贺。太宗震惊地说："皇后这是做什么？"皇后回答说："我听说君主圣明臣子们就忠诚，现在陛下圣明，所以魏征能够直言劝告。我因能在您这圣明之君的后宫而感到庆幸，怎么能不向您祝贺呢？"

陈毅元帅有首诗："一喜得帮助，周围是友情，难得是诤友，当面敢批评。"纵观古今历史，凡是成就突出的人，大都勇于接受批评意见。他们能够从善如流，所以能够吸取众人的智慧，避免自己的失误，从而成就自己的事业。

秦王嬴政的母亲王太后与假内侍嫪毐通奸，并生下了两个孩子。嬴政知道后，便将嫪毐满门诛杀，还杀死了两个同母异父的弟弟。而对于自己的母亲，嬴政不能处分，只好将她贬入咸阳宫，软禁起来。可是，幽禁母亲实属大逆不道，许多大臣为此纷纷发表意见，但都遭到了嬴政的严厉处罚。他下令说："日后有敢再来说太后之事的，先用蒺藜责打，然后杀掉。"为此，有二十七位进谏者遭到了残酷的杀戮。一时间，没有人再敢进谏。

过了一段时间，一个叫做茅焦的齐国人挺身而出，向嬴政劝谏此事，嬴政没有立即处决他，而是派使者提醒说："你难道没有见到那些因为此事而被杀掉的人的尸体吗？"

茅焦回答："我正是为此事而来。我听说天上有二十八星宿，如今已经有二十七个了，我来就是要凑够二十八之数。"

嬴政听了大怒道："这人敢违背我的命令，找他过来，我要煮了他。"

茅焦见到嬴政，说道："忠臣不讲阿谀奉承的话，明君不做违背世俗的事。现在，大王有极其荒唐的作为，我如果不对大王讲明白，就是辜负了大王。"

秦王停顿了一会，说："你要讲什么？说来听听。"

茅焦说："天下之所以尊敬秦国，不仅仅因为秦国的力量强大，还因为大王是英明的君主，深得人心。现在，大王车裂你的假父，是为不仁；杀死你的两个弟弟，是为不友；将母亲软禁在外，是为不孝；杀害进献忠言的大臣，是夏桀、商纣的作为。如此品德，如何让天下人信服呢？天下人听说之后，就不会再心向秦国了。我实在是为秦国担忧，为大王担心啊。"

说完之后，茅焦解开衣服，走出大殿，伏在殿下等待受刑。嬴政听了茅焦这番话之后，深为震动，知道自己的行为对统一天下大业不利，于是，他亲自走下大殿，扶起茅焦，说："先生请起，我愿意听从先生的教诲。"

茅焦进一步劝谏说："以前来劝谏大王的，都是些忠臣，希望大王厚葬他们，别寒了天下忠臣的心。大王心怀天下，更不能有幽禁母后的恶名。"于是，秦王采纳了茅焦的建议，厚葬了那些被杀死的人，又亲自率领车队前往雍地把太后接回咸阳，母子关系得以恢复。

后来，茅焦受到秦始皇的尊敬，被封为太傅，尊为上卿。

作为一个领导者，处事固然不能优柔寡断，要有决断的勇气，但也应当有虚心纳谏的度量和容纳不同意见的胸怀，绝不能一意孤行，拒谏于千里之外。无论是对于一个国家还是一个单位，领导者的度量都是非常重要的，他影响着整个团体的发展和生存。领导者如果度量狭小，容不下不同的意见或是批评，就可能给整个团体带来灭顶之灾。商纣王就是因为不听忠臣直谏，还杀死了叔父比干，最后使得殷商被周所灭亡。

一个人若是能够经常得到别人的劝谏或批评，这绝对算得上是一件幸事。要知道，批评一个人是需要很大勇气，冒很大风险的。臣谏君，可能会人头落地；下属劝谏上司，可能会丢掉饭碗。人都喜欢听好话，而不愿意听批评意见，有些人还会错误地对待批评，甚至把提批评意见的人当成仇人。

所以，下属向领导者提出意见或批评，本身就是对领导者的一种信任，若是领导者无视这种信任，甚至让它变成仇恨，那无疑是令人痛心的。

6.要有推功揽过的气度

(汤)曰："予小子履，敢用玄牡，敢昭告于皇皇后帝：有罪不敢赦。帝臣不蔽，简在帝心。朕躬有罪，无以万方；万方有罪，罪在朕躬。"

——《论语·尧曰》

商汤说："我小子履谨用黑色的公牛来祭祀，向伟大的天帝祷告：有罪的人我不敢擅自赦免。天帝的臣仆我也不敢掩蔽,都由天帝的心来分辨、选择。我本人若有罪,不要牵连天下万方;天下万方若有罪,都归我一个人承担。"

古人云:"责人重而责己轻,弗与同谋共事;功归人而过归己,尽堪救患扶灾。"作为领导者,一定要有一种推功揽过的精神品质,这既是人格力量的展现,也是领导能力的体现。领导者在日常工作中肩负指挥、协调之责,但是具体工作则多由下属完成,若是见了荣誉就上,见了功劳就抢,又怎么能凝聚人心干事业,让你的下属死心塌地地追随你呢?

官渡之战结束后,刘备率数万大军进攻许昌,结果反被曹操打得大败。一路逃至汉江边上,刘备哭着对将士们说:"诸君皆有王佐之才,却不幸跟随了刘备。备之命窘,累及谋君。今日身无立锥之地,诚恐有误诸君。君等何不弃备而投明主,以取功名乎?"将士们听了这话,很是感动,不但没有离弃刘备,反而更加死心塌地地效忠他。

俗语有云:"当与人同过,不当与人同功,同功则相忌。"意思是说,应该有和别人共同承担过失的雅量,不应当有和别人共同分享功劳的念头,共享功劳就难免会引起彼此之间的猜忌见疑。

刘宽是东汉华阴人,字文饶,为人有德量,涵养深厚。汉桓帝时,征召刘宽授官尚书令,后又升为南阳太守,推举掌理三郡。刘宽办理政事,仁厚宽恕,属下官吏有了过错,只以薄鞭轻罚,以示耻辱而已。推行政事有功,皆让给属下,灾殃变异出现,便引咎负责,因此深得百姓爱戴。

《菜根谭》上说:"完名美节,不宜独任,分些与人,可以远害全身;辱行污名,不宜全推,引些归己,可以韬光养德。"意思就是说,好的名声和荣誉，不要一个人独占，应该跟人分享，才不会招来嫉恨，被人算计；不好的名声和错误，不可全推给他人，自己也要承担几分，这样才可以保全功名，获得美德。

袁绍拥有中原四州，放眼天下，无人可与他抗衡，但他刚愎自用，结果官渡之战大败。

在官渡之战之前，袁绍手下谋士田丰曾经建议袁绍趁曹操与刘备在徐州鏖战之机突袭曹营，但是袁绍不听。等到曹操得胜班师之后，袁绍却要与曹操决战，田丰认为战机已失，并指出此时开战危险所在，应以持久战为上策。袁绍根本不听田丰所言，反而认为田丰在众人面前败坏自己的名声，因此把田丰囚禁下狱。

后来，果如田丰所料，袁兵惨遭大败。在返兵途中，袁绍心想，自己不听田丰所言因此兵败，回去后一定会被他嘲笑。于是，心胸狭隘的袁绍便派人拿着他的剑，提前到冀州狱中杀死了田丰。

功与过，代表着一个人的得与失。许多人对于容易显山露水的事都争先恐后地抢着去做，甚至把他人的成绩也说成是自己的；而对于难度大或者不容易显功的事情，则尽量推给旁人，工作中若是不慎出了问题，就立刻推卸责任。这样的小人之举，必将遭人唾弃。

有人说：舍得，舍得，有舍才有得，只有懂得舍得的人才有资格获得成功。任何一项事业的成功都不可能是一个人努力的结果，团队的力量才是最重要的。作为领导者，必须意识到这一点，一时的荣辱得失不足为道，凝聚人心成就大事才是关键。

7.陈力就列,不能者止

孔子曰:求,周任有言曰:"陈力就列,不能者止。"危而不持,颠而不扶,则将焉用彼相矣?且尔言过矣!虎兕出于柙,龟玉毁于椟中,是谁之过与?

——《论语·季氏》

这里的"求"指的就是孔子的学生冉有。季氏将要讨伐颛臾,冉有、子路去告知孔子。

孔子说:"冉有啊,这不就是你们的过错吗?颛臾从前是周天子让它主持东蒙的祭祀的,而且已经在鲁国的疆域之内,是国家的臣属啊,为什么要讨伐它呢?"

冉有说:"季孙大夫想去攻打,我们两个人都不愿意。"

孔子说:"周任有句话说:'能施展才能就担任那职位,不能胜任就该辞去。'有了危险不去扶助,跌倒了不去搀扶,那还用辅助的人干什么呢?而且你说的话错了。老虎、犀牛从笼子里跑出来,龟甲、玉器在匣子里毁坏了,这是谁的过错呢?"

冉有和子路都是鲁国三桓世家季氏的辅臣,孔子认为季氏起兵讨伐臣属,而作为辅臣的两人不能规过劝善,就是没有尽到自己的责任,在其位却不能尽其责,就应该去位让贤。

南怀瑾先生说:"中国古代许多大臣,认为政策错误了,拼命净谏。唐、宋时代往往有这种事情,遇到皇帝不听自己的意见时,就把代表官阶的帽子自己摘下来,送还给皇帝,宁可不做这个官,因为还要对历史、对老百姓有一个交代，既然进谏不听，只好走路。"

古人云："为官避事平生耻。"职务就意味着责任。一个地方、一个部门的干部，守土有责，富民有责，兴业有责，肩上的责任可谓重大。清代大才子纪晓岚在《阅微草堂笔记》中讲了这样一则故事：

有一个当官的死了之后，穿着官服气昂昂地走进阎王殿，自称一生为官，所到之处只喝老百姓的一杯水，无愧鬼神。

阎王微笑着说："设立官制是为了治理国家、造福百姓，下到管理驿站、闸门的小官，都是按着理法来权衡利弊。要说不要老百姓的钱就是好官，那么立个木偶在公堂上，它连水都不喝一口，不比你还廉洁吗？"

这官听了又辩解道："我虽没有功劳，但也没有罪啊！"

阎王又说："你一生处处求得的是保全自己，某个案子，你为了避开嫌疑没敢说话，这不是有负于民吗？某件事情，你怕麻烦没有上报朝廷，这不是有负于国吗？对为官者，三年要考察一次政绩，为什么？无功就是罪啊！"

当官的大吃一惊，顿时觉得非常不安。

占着位置不干事，拿着俸禄混日子，这是为官者的失职。为治水"三过家门而不入"的大禹，受世人顶礼膜拜；"鞠躬尽瘁，死而后已"的诸葛卧龙，更是让人高山仰止。人生在世，离不开"责任"二字。什么是责任？责任就是做好分内应做的事情，承担自己应当承担的任务，完成属于自己应当完成的使命。

孟子到了平陆，对那里的长官孔距心说："如果你的卫士一天三次擅离职守，开除不开除他呢？"

孔距心说："不必等三次，我就会开除他。"

孟子说："那么您失职的地方也够多的了。荒年饥岁，您的百姓年老体弱抛尸露骨在山沟的,年轻力壮逃荒到四方的,将近千人了。"

孔距心辩解说:"这个问题不是我能够解决的。"

孟子说:"假如现在有个人,接受了别人的牛羊而替他放牧,那么必定要为牛羊寻找牧场和草料。如果找不到牧场和草料,那么是把牛羊还给那个人呢,还是就站在那儿眼看着牛羊饿死呢?"

孔距心非常惭愧,说道:"这都是我的罪过呀。"

所谓"在其位,谋其政",就是要每一个人都恪尽职守,严守自己的岗位,谨慎认真地做好本职工作。这不仅是价值观和事业观的问题,也是职业操守和道德的问题。

特别是对于领导者来说,其一言一行不仅仅会带来自己的损益,还关乎整个团队的利益得失。因为能力不足、刚愎自用而做出错误的行为,或是因怕多干事会出差错、丢位置,而患得患失、畏首畏尾,缺乏干事创业的担当与勇气,这两者都是不可取的。前者可能会给团队带来灭顶之灾,后者则会让团队错失良机,在社会竞争中渐渐被淘汰。

我们坐在某个位置上,就要做到尽职尽责,如果你无法胜任,无论是能力不够,还是魄力不够,就干脆不要干了。有的时候,"退位让贤"对于我们的团队来说也不失为一种贡献。

8.言而有信是关键

子曰:"人而无信,不知其可也!"

——《论语·为政》

孔子说："作为一个人却不讲信用，不知他怎么可以立身处世！"

做人也好，处世也好，为政也好，言而有信是关键所在。

守诺是树立良好个人形象的关键。生活中有不少人平时喜欢信口开河，说过就全忘了。或许他承诺的只是无足轻重的小事，但对小事的失信会使人怀疑其在大事上的信用。没有信用的人就像他经常开出去的空头支票一样，没有任何价值。

古人云："君犹舟也，民犹水也；水可载舟，亦可覆舟。"是载舟还是覆舟，其关键不在民，而在君是否诚信。宋代史学家司马光的话非常深刻："夫信者，人君之大宝也。国保于民，民保于信；非信无以使民，非民无以守国。"中国历史上无数事例证明了这一点，君主诚信则政兴，君主无信则国亡。

大家可能都熟悉周幽王烽火戏诸侯的故事，为博美人一笑，幽王不惜失信于诸侯，结果身死国亡，为后人所耻笑。无独有偶，春秋时期齐襄公也因不讲信义而命丧臣手。《左传》记载，齐襄公做国君后，一直是号令无常，朝令夕改，臣民对此极为不满。有一次，齐襄公派连称和管至父去守卫葵丘，正是瓜熟之时，齐襄公就说："明年瓜熟时，我派人接替你们。"第二年瓜熟时，齐襄公却迟迟不派人接替连称和管至父，二人上书提出换岗要求，却遭到齐襄公的怒斥，不允许他们回来。于是，二人就与宫中小臣谋划，杀死了齐襄公。齐襄公言而无信，王位不保，因之亡命。

春秋霸主晋文公则相反，他严守信义，所以深得民心。晋文公勤王有功，周王将"原"地的土田与臣民赏赐给了晋文公，但原地人不愿归服晋文公，晋文公命人将原地包围，原地人还是不降，文公下令撤军。这时，间谍传出消息来说："原人已经动摇了，只要再围几天，他们就会归降了。"军吏们都说："若现在离开，那么，原就不属于我们了，不如继续威慑他们。"但晋文公说："诚信是治国之宝，君讲诚信，人民才能看到被庇护的

155

希望,我用武力得到原而失去诚信,还怎么庇护人民?那样,我所失去的反而更多。"就这样,晋文公坚决撤兵解围,消息传到原人耳朵里,他们认为晋文公是个好君主,便归服了晋文公。

孔子云:"政者,正也。""正"有多种含义,"诚信"是最基本的。孔子又说:"子率以正,其孰敢不正?"只要我们的管理者率先诚信,何愁诚信会缺失呢?

延伸阅读:

孔子的人才观

孔子认为,自古以来,政治上大有作为的君主,其成功的秘密之一就是举用贤才,所以孔子说:"其人存,则其政举;其人亡,则其政息,故为政在人。"这是说,政是依赖人去推行的,贤人在位就会有好的政治,否则就不会有好的政治。因此,孔子的弟子、做季氏家臣的仲弓问如何为政时,孔子便告诉他:"先有司,赦小过,举贤才。"他去看望做武城宰的子游时,劈头便问:"女得人焉尔乎?"("你发现人才了吗?")

孔子弟子子贡谈到贤才的时候,说过如下的话:"文武之道,未坠于地,在人。贤者识其大者,不贤者识其小者。"可知贤才必须在大的原则上掌握文武之道,而孔子心目中的文武之道,实际上就是他自己的仁与礼相结合的儒者之道。孔子强调君子应该既有仁德,又知礼义,能够从政的贤才当然也应该是这样。孔子强调贤才必须德才兼备,且要以德为主。《说苑·尊·258·孔子评传贤》中记载了孔子如下一段话:"人必忠信重厚,然后求其知能焉。是故,先其仁信之诚者,然后亲之,于是有知能者,然后任之。故曰亲仁而使能。"这一段话很好地阐发了重德的思想。

但是，孔子与后世那些认为有德即有一切，不必培养才能的儒者不同，他主张贤者必须有才。他说"君子不器"，就是说他们应该具有多方面的才能。他在教学活动中，除了以仁、礼熏陶弟子并以文献资料充实其知识之外，还教他们处理政务、管理赋税、主持典礼、接待宾客等，使他的许多弟子成为了干练的贤才。他重视全才，但对人（即使是贤才）并不求全责备，主张充分发挥他们在某一方面的特长。

孔子举贤才思想的最根本之点，在于冲破宗法制度任人唯亲的禁锢，从贵族之外的各等级中选拔贤才，给贵族政治注入新鲜血液，使之恢复生机。因此孔子认为，用人应看他本人是不是德才兼备的贤才，而不是看他出身的尊卑贵贱。他在谈论仲弓时说："犁牛之子，骍且角，虽欲勿用，山川其舍诸？"仲弓出身贫贱，但很有才干，这样的人能不能做官呢？孔子用比喻回答了这个问题，耕牛是低贱的，祭祀用的牛是高贵的，耕牛不可用于祭祀。但是孔子说耕牛的儿子，生着赤色的毛、周正的角，即使不想用它来祭祀，但山川之神是绝不会拒绝它的。这就是说，起作用的是牛本身确实具有"骍且角"的条件，是否"犁牛之子"则无关紧要。因此，仲弓的出身当然不应该影响他的政治前途。

孔子还说："先进于礼乐，野人也；后进于礼乐，君子也。如用之，则吾从先进。"这里，君子与野人对举，君子指贵族，野人指非贵族的其他各等级的人。孔子说，野人是先学礼乐后做官，君子是先做官后学礼乐。选用人才，他要选先学礼乐的野人。可见他看重的是什么人更好地掌握了礼乐，而不是看出身高低贵贱。

经过孔子的倡导，举贤才的舆论越来越受到重视。春秋战国时期，儒、墨、法等各家代表人物都鼓吹尚贤、尊贤、举贤，历代开明的统治阶级也有崇贤、养贤之风，这固然是时代的需要，与孔子的影响也不无关系。

第八章

自强自立，越是困苦越镇定

1.有主见，不为他人言语所动

子曰："由之瑟，奚为于丘之门？"门人不敬子路。

——《论语·先进》

孔子说："子路这样弹瑟，怎么能到我的门下来学习呢？"学生们听了，以为夫子在贬低子路，所以都很不尊敬他。

同学们对子路的"不敬"源自孔子的批评。在这里，我们可看出群众是有盲从心理的。若心智不够坚定，缺乏主见，别人一句漫不经心的话就

可能完全改变人们的决定，进而彻底改变事情的发展走向。

一只狐狸掉进了深井，它用尽方法都无法从里面逃脱出来。此时，一只山羊因为口渴而来到了井边，它看到了井底的狐狸，就问井下的水甜不甜。狐狸连忙收起自己沮丧的表情，欢天喜地地面对山羊，同时极力夸赞井水多好多好，并撺掇山羊下到井底来喝。山羊听了狐狸的甜言蜜语，欣欣然地跳进了井底。

等到喝完水之后，狐狸才告诉山羊它们目前所面临的困境，并且还出主意道："你把前脚放在墙上，头部低俯，我跳到你的背上，便可爬出这口井，然后再帮助你脱困。"

单纯的山羊听从了狐狸的建议，狐狸立刻跃到山羊的背上，抓住山羊的两只角，稳步地爬到井口，然后拔腿就跑。

山羊这才知道上了当，站在井底痛骂狐狸不守信用。狐狸则转身大叫："老笨蛋！假如你的头脑能像你的胡子那样长，你就不会还没摸清出路便往井里跳了。"

一个毫无主见的人很容易被人欺骗，一个轻信别人的人同样只能接受失败的苦果。就像这只山羊一样，自己不进行独立思考，凡事按照狐狸的意见去办，最后只能自己承担后果。

人活着要有自己的主张，这样才能形成一个独一无二的自己。然而在大多数人的身上，我们找不到主张，除了盲从以外，剩下的就是固执和偏见。

大千世界，纷纷扰扰的信息会对我们的判断力产生影响，缺乏主见的人很容易就会被外界的信息牵着鼻子走。任何外来的信息都必须内化到我们的心里，才会产生作用。只要我们有自己的主张和看法，外界的干扰信息再多，也无法左右我们的决定。

古代官场上，为了权势的争夺，一向是尔虞我诈，互相攻讦。身为一个上位者，每天传到你耳中的流言蜚语更是不计其数，很多时候，你只能靠自己的主观印象来判断这些话到底是真是假，这就到了考验上位者能力的时候了。若你能不被这些虚虚实实的言语所动摇，始终坚持自己的主见，那就是一个合格的上位者；但是，如果你被这些闲言碎语给弄得摇摆不定，则必将导致你的下属人人自危，惶惶不可终日，最后整个集体彻底瓦解。

汉昭帝初继位时，燕王刘旦心怀怨恨，图谋反叛。上官桀妒忌霍光，于是与燕王共谋，诈使别人为燕王上书，说霍光去广明总阅见习军官时，以帝王出巡的仪节上路，并擅自增选大将军府的校尉，专权放纵，恐怕有反叛的意图。

上官桀特别选在霍光休假回家的日子上奏，但昭帝不肯下诏治罪。

霍光知道了，不敢上殿。

昭帝问道："大将军在哪里？"

上官桀说："因为燕王纠举他的罪状，不敢上殿。"

昭帝命霍光上殿，霍光脱掉帽冠叩头谢罪。昭帝说："将军不必如此，朕知道这份奏章是假的，将军无罪。"

霍光说："陛下怎么知道的？"

皇上说："将军去广明校阅郎官，是最近的事，选调校尉以来，也还不到十天，燕王怎么能知道这些事呢！况且将军如要谋反，也用不着选调校尉。"

当时昭帝年仅十四岁，尚书及左右官员都很惊奇，都对这位明察秋毫的小皇帝钦佩不已。

常言道："刚愎自用的人是蠢材，没有主见的人是废材！"纵观古今，无论经济上还是政治上，大凡成功人士都有一个共同的特点，那就是：做

人有主见，处事敢决断。

主见对于一个人的人生来说意义重大。只有知道自己想要什么，不想要什么，能做什么，不能做什么，才能拥有一个明确的人生目标和行为标准。心中有主见，在人生的路途中，才不会受到外界的干扰而焦躁不安。

2.保持个人的风格

子曰："衣敝缊袍，与衣狐貉者立，而不耻者，其由也与。'不忮不求，何用不臧？'"子路终身诵之。子曰："是道也，何足以臧？"

——《论语·子罕》

孔子说："穿着丝絮破烂的袍子，和穿狐裘的人同立在一起，能不感到耻辱的，只有子路了吧！这就像是《诗经》上说的：'不妒恨、不贪求，有什么不好呢？'"

孔子说这句话是在赞扬子路不为外物所动，子路听了之后，沾沾自喜，常把这首诗挂在嘴边。于是，孔子为了警示他，便又说道："这仅仅是道而已，又哪里算得上好呢？"

由此可见，孔子认为不由物质所动，不因为外物而改变自己，是作为一个君子的最基本的标准。

南怀瑾先生说："通常，穿一件蹩脚的衣服，到一个豪华的场所，心理上立即就会觉得自己扁了。这就要有真正学问的气度。即使穿一件破香港衫,到一个华丽的地方,和那些西装笔挺的人站在一起,内心中能真正的满不在乎,不觉得人家富贵自己穷,实在要有真正的修养。"

我们生活的这个世界,每天都有着太多太多的东西可以影响我们的情绪,左右我们的心情,甚至是改变我们的处世方式,可能是物质金钱,也可能是人情冷暖,甚至可能是别人的一句话、一个眼神。

每个人的人生总会遇到许多困难或诱惑,遇到许多让你开心或不开心的事,这时候,我们不应该被这些外物浮云所迷,应坚持自己的主见,保持自己独立的风格和处世方式。

群山之间有一条深涧,涧底奔腾着湍急的水流,几根光秃秃的铁索横亘在悬崖峭壁之间作为桥梁。

这一天,有四个人来到铁索桥头,一个盲人,一个聋人,还有两个是耳聪目明的人,四个人一个接一个地抓住绳索凌空前行。

盲人过去了,聋人过去了,一个耳聪目明的人也过去了,可另一个耳目健全的人却跌下桥丧了命。

盲人说:"我眼睛看不见,不知山高桥险,所以能心平气和地攀索。"

聋人说:"我耳朵听不见,不闻河水咆哮怒吼,所以恐惧相对减少了很多。"

过了桥的健全人说:"我过我的桥,险峰与我何干?激流与我何干?只要注意落脚稳固就可以了。"

那最后一个耳目健全者之所以会丧命,主要是因为他受到了外界太多的干扰所致。

在人生的路上,难免有急流险滩,这时候,不为外物所动,走好自己的路,就能化险为夷。

南怀瑾先生说，台湾有一种药草，名叫"独活"，生长在海拔很高的地方，那个地方只有这种草能生存，所以叫它"独活"。这就是劲草，大风都吹不倒。我们做人也要像这劲草一样，当时代的大风浪来临时，人格依旧挺然不动摇，不受物质环境影响，不因社会时代不同而变动。

意大利著名诗人但丁说过："走自己的路，让别人说去吧！"这个世界上有多少人，就有多少种不同的想法，每个人对事对物的看法都各有不同。而对做事情的人来说，若总是执着于别人怎么看、怎么想，那结果必是什么都做不成。

一位老翁和一个孩子牵着一头驴，驮着货去集市卖。在回来的途中，孩子骑在驴背上，老翁牵着驴走，路人见了纷纷责备孩子不懂事，叫老人徒步。于是，他们更换了一下位置，但又有人说老人心肠太狠，让孩子在地下走，老人急忙把孩子抱到驴上。后来看见的人又说他们这样对于驴未免太残忍，于是，一对老小便下来牵着驴走。走了不远，又有人笑他们，说他们是呆子，闲着现成的驴却不骑。这时，老人对孩子叹息道："看来，我们只好抬着驴走了！"

其实，每个人都是一个独立的个体，都有属于你自己的做事方法，若是一听到别人的不同意见就要改变自己的做事方法，那你是否想过，那种方法对你来说是不是合适呢？

诚然，无论做人做事，我们都应当博采众议，广泛听取别人的意见，但是对于这些意见，我们要有取舍。因为有些人提出的意见，并不是站在我们的角度上考虑的，完全是出于他自己的好恶，对于这样的意见，我们肯定是要有所取舍的。

我们做事要有自己的判断，要有自己的选择，只要自己认准了是正确的，就不要再管别人怎么说怎么看，按着自己步子走到底就可以了。

3.靠自己,天助自助者

子疾病,子路请祷。子曰:"有诸?"子路对曰:"有之。诔曰:祷尔于上下神祇。"子曰:"丘之祷久矣!"

——《论语·述而》

孔子生了疾病,子路为此向鬼神祈祷。孔子说:"这么做可以吗?"子路说:"可以啊,《诔》文上都说了:'为你向天地神灵祈祷。'"孔子说:"可是我很久以前就在祈祷了。"

孔子说过一句话,叫做:"君子求诸己,小人求诸人!"意思是,具有君子品行的人,遇到困难首先想到的是要靠自己去解决,不到万不得已不去求助于别人;而不具备君子品行的人,遇事总是习惯于求助别人,而不是靠自己。

宋代文学家张端义的《贵耳集》上记载了这样一个故事:宋孝宗赵昚有一次路过灵隐寺,看到观音像上挂着念珠,便问随行的僧人道:"人人皆念观世音菩萨,观世音菩萨念谁?"僧人答道:"念观世音菩萨。"孝宗诧道:"为何亦念观世音菩萨?"僧人对曰:"求人不如求己。"

高阳先生在《胡雪岩全传》中也写道:"一切都是假的,靠自己是真的。"凡事总是想着去向别人求救,求到最后可能是一场空。

有一个人在屋檐下避雨,正好看到一位僧人撑伞从雨中走过。这人就对着僧人喊道:"大师,渡一下众生吧,您用伞带我一程如何?"

僧人答道："我在雨中，你在檐下，檐下眼下无雨，你不需要我渡。"

这人听罢，马上走出屋檐，站在雨中说："现在我也身在雨中了，你该渡我了吧？"

僧人说："你我都在雨中。我不被雨淋，而你被雨淋，是因为我有伞而你没有。所以是伞渡我，而不是我渡你。你要被渡，不要找我，请自己找把伞。"

郑板桥曾有一首诗言道："一片绿阴如洗，护竹何劳荆杞。仍将竹做篱笆，求人不如求己。"

其实，我们每个人的身上都蕴藏着无限的潜能等着我们去开发，困难恰恰是刺激我们潜能开发最好的东西。所以，在遇到危险和困难的时候，我们首先要做的不是向别人求助，而是看看自己是否有自救的能力。

孟子从齐国回来，路过滕国的时候，滕文公问孟子："滕国是个弱小的国家，处在齐国和楚国两个大国之间。是侍奉齐国好，还是侍奉楚国好呢？"

滕国是一个小国，而东北面毗邻了强大的齐国，南面又和强大的楚国接壤。

孟子答道："这样重大的国策计划，不是我所能办到的，如果一定要我讲，那就只有一个办法：深挖护城河，加固和增高城墙，和百姓一条心，共同捍卫它，哪怕献出自己的生命，民众也不愿意离开它，这样就还是有办法的。"

孟子认为，投靠强国来保存自己，终究没有自己变得强大来得实在。只有把自己的内政先治理好，增加老百姓的向心力，团结起来，然后加强国防设施，和全国老百姓同心合力，保卫自己的疆土，虽然战死，也不离开本位，宁为玉碎、不为瓦全，自强自立，宁可亡国，也不向任何一个大国投降,这样才是真正的长存之道。

在生活中,人与人之间的互相帮助必不可少,但如果一遇到困难就求助于人,必会使我们的思维变得迟钝,养成依赖性。一个人若是习惯性地依赖旁人,时间久了,便会被旁人瞧不起,别人也不会再愿意帮助你,这就是所谓的"靠山山倒,靠人人跑",依靠别人,不可能依靠一辈子。

相反,如果你遇事都依靠自己的能力解决,你便可以在一次次坎坷的磨炼中提高自己的能力,从而锻炼出自立乃至帮助别人解决问题的实力。如此,当你再遇到困难的时候,自然会有人愿意帮你一把,因为他们也希望自己出现困境的时候,能够得到你的帮助。人与人的这种关系本来就是相互的,只有维持好彼此之间的平衡,才能长久地持续下去。

4.择其善者而从之

子曰:"三人行,必有我师焉。择其善者而从之,其不善者而改之。"

——《论语·述而》

孔子说:"几个人一起同行,其中一定有人可以当我的老师。应当选择他们的优点去学习,对他们的缺点,要注意改正。"这句话并不是表示三个人里面就一定有可以学习的地方,而是要我们有一种随时向别人学习的心态。

俗话说"活到老学到老",无论是学术还是做人,都是永无止境的,没有哪个人可以做到"学贯中西，才华满溢"。"学如逆水行舟，不进则退"，向别人学习的人永远都在进步，因为这样的人能时刻看出自己的不足，会主动寻找学习的机会，主动寻找可学习的人。谦逊自知，"择其善者而从之"是重要的表现。

唐代大诗人白居易，才华横溢，诗作影响力极高，但他为人却十分谦虚。每当他写完诗以后，总要虚心地请朋友们提批评意见，甚至还要念给老太婆听，如果老太婆听得懂，他就抄在稿本上；如果听不懂，他就马上进行修改或者重写。

有一次，长安一座佛寺的和尚来到当朝宰相裴度府中，请求裴度找一位学问渊博、诗文出众的人，为佛寺写篇碑文。裴度想了想，觉得白居易最为合适，就当即写了一封邀请信，准备派人火速送去。哪知信还未送出，门客皇甫湜便不满起来，他说："我在你身边，你不请我写文章，却偏偏舍近求远，请那个姓白的来，他难道比我的才华高吗？"

裴度还未发话，皇甫湜又对白居易的诗文品头论足一番，数列了一大堆毛病。裴度有些不高兴，辩驳道："上自王公贵族，下至平民百姓，哪个不称赞白居易的才华！"

一听这话，皇甫湜极为恼火，当即决定收拾行李离开裴府。裴度见状赶紧道歉，并当场决定请他为佛寺撰写碑文，这才平息了这场风波。

这件事情传出去后，有很多亲朋好友找到白居易，说："皇甫湜太狂妄了，你应该写首诗让他羞愧。"白居易微微一笑，满不在乎地说："皇甫湜是有些高傲，但他对我提的意见并不是一点道理都没有。他的文章，也有很多地方值得我学习啊！"接着，他又找出皇甫湜的几篇文章，把其中的可取之处指了出来。几年之后，皇甫湜病故，白居易听了这个消息后，还专门写了一首诗悼念他。

想要求知，就一定要把自己的姿态放低一点，这样才能汇集百家学问——就像大海一样，海底越深，就越有河流奔涌而来，而不会像一口浅浅的井，很快就被填满。

百花园中，花朵竞放，有的花儿香，有的花儿艳，但很难有十全十美的，所以我们要摆正心态，谦虚地向身边的人学习。

没有人天生就能知道所有知识，有些人之所以学问高深，之所以有智慧，就是因为他们善于学习，做到了孔子说的："见贤思齐焉，见不贤而内自省也。"

上古时，实行天下为公的禅让制度，直到大禹将帝位传给了自己的儿子启，才确立了"家天下"的世袭制度。当时有很多部落都因为反对这个制度而起兵反叛，大禹派他的儿子启去平乱，结果却大败而归。

当时，启的许多部下都不服气，要求继续进攻，但启却说："不必了，我的兵将比他们多，地也比他们大，结果却被打败了，这一定是我的德行不如他们，带兵的能力也不如他们的缘故。从今往后，我一定要努力改正过来才是。"

从此以后，启每天很早便起床工作，粗茶淡饭，衣着朴素，广纳良才，任用有才干的人，尊敬有品德的人。几年之后启再次出兵，这一次，他的军队所向披靡，连战连捷，接连打败了好几个部落。剩下的部落一看，纷纷投降。

能看到别人的优缺点，我们称之为"明"，而能看清自己的长短处，我们称之为"智"，两者兼备则可称"明智"。每个人都有其闪光的一面，只要你善于学习，懂得取别人所长补己之短，努力追求上进，终有一天会成为一个有智慧的人。不管身处何地，也不管对方是什么身份，只要你主动去倾听别人的意见、观点和建议，你就能从别人的意见里受到启发，也能学到有利于自己成长的经验。

记住，决定人与人之间差别的一个重要因素就是如何在社会生活中学习。正是这种学习的能力，才使得人类生气勃勃，不断前进。

5.行动之前究竟要思考几次

季文子三思而后行。子闻之曰：再，斯可矣！

——《论语·公冶长》

这句话现在一般的解释都认为：季文子为人很谨慎，做事三思而后行，孔子知道了之后就说："三思怎么够呢？要再考虑一次才可以！"

但国学大师南怀瑾先生另辟蹊径，解读出来的却是另外一个意思，他说："其实，孔子认为他想得太多。做人做事诚然要小心，但'三思而后行'，的确考虑太多了。学过哲学就知道，学过《易经》的道理更能懂得，世界上任何事情，是非、利害、善恶都是相对的，没有绝对的。但是要三思就讨厌了，相对总是矛盾的，三思就是矛盾的统一，统一了以后又是矛盾，如此永远搞不完，也下不了结论。所以，一件事情到手的时候，考虑一下，再考虑一下，就可以了。如果第三次再考虑一下，很可能就会犹豫不决，再也不会去做了。谨慎是要谨慎，过分谨慎就变成了小器。所以孔子主张，何必三思而后行，再思就可以了。"

人生是一个单向通道，走过去了，就不可能回头重新来过，因此，无论做什么事情，我们都必须谨慎。古人说，小事小节为"祸媒"，修身则讲究"君子慎微"。《后汉书》中也说："轻者重之端,小者大之源,故堤溃蚁孔,气泄针芒。是以明者慎微,智者识几。"不过,"小心驶得万年船"虽然是永恒不变的真理,但小心谨慎也要有个限度,不能因为小心而变得瞻前顾后、踌躇不前。

谨慎是成事的基础,但事到临头,却也不能想得太多。古人常说："秀才造反,三年不成。"这是为什么呢? 就是因为"秀才们"想得太多了,总想着,要么不做,要做就要做得滴水不漏、完美无缺,结果算计来算计去,什么事都没有做成。其实,有的时候,少一分算计,多一分破釜沉舟的决断,才是成功的关键。

公元73年,大将军窦固出兵攻打匈奴,班超在他手下担任代理司马,立了战功。窦固为了抵抗匈奴,想采用汉武帝的办法,派人联络西域各国,共同对付匈奴。他很赏识班超的才干,就派班超担任使者前往西域。

班超带着三十六个随从人员先到了鄯善国。鄯善王见大汉的使者到来,非常殷勤地招待了他们。然而,过了几天之后,班超发现鄯善王对待他们忽然冷淡了起来。班超起了疑心,鄯善国是个西域小国,平时总是摇摆于大汉与匈奴之间,他跟随从的人员说："你们看得出来吗? 鄯善王对待咱们跟前几天不一样,我猜想一定是匈奴的使者到了这儿。"

后来,他从一个侍者口中探听到了确切的消息,匈奴的使者已经来了三天了,就住在离他们这儿不到三十里的地方。班超知道,匈奴人一定还不知道他们在这里,否则一定会逼迫鄯善王杀了他们,而鄯善国显然还在两个强国之间摇摆不定。

班超立刻将随从人员召集到一起,对他们说："大家跟我一起来到西域,无非是想立功报国。要是鄯善人把我们抓起来送给匈奴人,我们的尸骨就不能回乡了。为今之计,我们必须绝了鄯善国的退路,只要杀了匈奴的使者,事情就好办了。"

到了半夜，班超率领随行人员偷袭匈奴的营帐，杀了匈奴使者和他的随从。等天亮后，鄯善王看到匈奴的使者已被班超杀了，知道自己与匈奴之间已经没有转圜的余地，无奈之下，只好对班超表示，愿意服从汉朝的命令。

人生没有太多的时间供我们想清楚一切问题，脑子里有太多的"如果""怎么办"只会耽误事情的进展。想要成就一件事情，时机是非常重要的，若是我们把时间都花费在思考推算细节上，一旦错过时机，就再也没有实行的可能了。班超若是也像谨慎的秀才一般，考虑考虑再考虑，只怕已经被鄯善王砍了向匈奴表忠了。那样，既丧了自己的性命，也辜负了朝廷的嘱托。

通往成功的道路上总是荆棘密布、风浪重重，没有谁可以将所有的风波曲折都考虑进去，若是妄想计算清楚所有的得失利害再前行，恐怕我们这辈子就只能止步不前了。有些困难，总是要近到眼前才能发现，因为有未知的危险而裹足不前，这实在不是智者所为。

6.生于忧患，死于安乐

子曰："人无远虑，必有近忧。"

——《论语·卫灵公》

一个人若是没有一点忧患意识，那他迟早会被这个社会所淘汰。

孟子说:"人总是要经常犯错误,然后才能改正错误。心气郁结,殚思竭虑,然后才能奋发图强;心思显露在脸色上,表达在言语中,然后才能被人了解。一个国家,内没有守法的大臣和辅佐的贤士,外没有势力相当的敌国忧患,往往容易灭亡。由此可以知道,有忧患使人得以生存,安逸享乐却足以而使人败亡。"

南怀瑾先生也说:"个人也好,一个社会也好,一个团体也好,一个国家也好,是'生于忧患,而死于安乐'啊。所以,孟子叫你有忧患意识。一个人要活着,想创业成功,就要在痛苦中成长。得意了,就死亡了。"

安逸享乐能使人得到精神上的满足、物质上的享受,但这往往是堕落的开端;忧愁祸患的确会给人带来身心上的痛苦,却也是催人奋进的精神食粮。

把一只青蛙冷不防扔进滚烫的油锅里,青蛙能一跃而出;然而,把同一只青蛙放在逐渐加热的水锅里,它会因为感到舒服惬意而放下戒备,等到它意识到大难临头时已经无能为力了,最后只能葬身锅底。

每个人都拥有潜在的能量,但要激发这些能量,需要外界力量的强烈压迫。如果人一直在安乐中生存,他就不可能激发出内在潜能,最后会像"温水效应"中的青蛙一样,对突如其来的危险失去反抗的能力。紧张的生活节奏和适当的压力能使人的潜力处于时刻被激发的状态,这样,即便你身处绝境时,也能找到生存的道路。

李自成,原名李鸿基,明末农民起义领袖,杰出的军事将领。他于崇祯二年起义,先为闯王高迎祥部下的闯将,后于襄阳称王。1644年正月,李自成建立大顺政权,年号永昌,同年攻克北京,推翻明王朝。

闯王攻入北京后,认为天下已定,大功告成。那些农民出身的将领起义时打天下的叱咤风云的气魄丧失殆尽,只图在北京城中享受安乐。李自成想早日称帝,牛金星想当太平宰相,各军的将领都忙着营造府邸。

没有想到，吴三桂"冲冠一怒为红颜"，竟然引清兵入关，山海关外一场大战，起义军被清兵和吴三桂的联军打败，自此一蹶不振。

一只野猪对着树干不停地磨它的獠牙，狐狸见了就问："现在既没有豺狼，也没有老虎，为什么不躺下来休息呢？"野猪回答说："如果我现在不把牙齿磨锋利，等到豺狼和老虎出现，我还有锋利的牙齿和它们搏斗吗？"

艰苦的生活环境能够锻炼人们坚强的意志，激励人们不断进取；安乐的生活条件则容易腐蚀人的意志，使人沉湎其中，最终走向颓废乃至灭亡。这是古往今来从无数正反两方面经验中总结、提炼出来的警世良言，是一条人才成败史、国家兴亡史所证实的客观规律。

春秋时期，吴越大战，结果越国大败。万般无奈之下，勾践屈服求和，卑身事吴，卧薪尝胆，又经"十年生聚，十年教训"，终于转弱为强，起兵灭掉吴国，成为一代霸主，勾践因何得以复国？正是因为有亡国之辱使他发愤，催他奋起。

三国时期，蜀国后主刘禅因为有父亲刘备留下的诸葛亮、赵云等众多贤臣勇将的辅佐，终日不理政事，只知贪图享乐，最后终于使得蜀汉被曹魏所灭，做了个乐不思蜀的亡国之君。刘禅何以亡国？就是因为他没有忧患之念，所以在贤臣勇将纷纷离世之后，再也无力支撑蜀汉的偌大基业。

"生于忧患，死于安乐"，古来使然，生与死，忧与乐，两者相互依存，密不可分，又依一定的条件而转化。艰苦、忧患可以使人自强不息；安逸享受容易叫人颓废丧志，从而各自走向自己的反面。

如果我们丧失警惕，追求安逸，贪图享受，骄傲自满，就有可能在不知不觉中走向灭亡的深渊。

7.永不言败是走向成功的动力

冉求曰："非不说子之道，力不足也。"子曰："力不足者，中道而废，今女画。"

——《论语·雍也》

冉求说："我不是不喜欢夫子您的学说，而是我的能力不够，达不到那个高度和要求啊。"

孔子说："做了一半，无法克成其功，这是力量不足的缘故。可是你根本还没有开始做。"

人生就是一个不断累积的过程，没有一往无前的勇气和坚持不懈的动力，必将一事无成。天资不够聪颖不要紧，因为勤能补拙，笨鸟可以先飞；外部条件艰苦也不是问题，因为事在人为，只要努力，终能克服。怕就怕我们没有坚持下去的毅力。人生的道路总有荆棘坎坷，若是遇到困难就轻言放弃，那结果如何就可想而知了。

项羽乃楚国贵族后裔，神勇无比，人称西楚霸王。秦朝末期，正是他带领着各路诸侯推翻了秦朝的残暴统治，实现了"楚虽三户，亡秦必楚"的誓言。

在与汉高祖刘邦的楚汉之争中，双方数次交锋，楚军连战连捷，数次杀得汉军丢盔卸甲。但是垓下一战，楚军落败，自此便一败涂地。项羽突围后逃至乌江边，乌江亭长劝其急渡，他却说："我与江东子弟八千人渡江西上，今无一人还，纵江东父老怜我，我有何面目见之？"遂自刎而亡。

宋代女词人李清照的《夏日绝句》中曾道："生当作人杰，死亦为鬼雄。至今思项羽，不肯过江东。"

诚然，项羽的豪情和悲壮都让我们为之钦服，但他当初若是不放弃，听从属下劝告而渡江，也许情况就会有所不同，就是将来击败刘邦问鼎天下也未可知。

诗圣杜甫就曾写诗云："胜败兵家事不期，包羞忍耻是男儿。江东子弟多才俊，卷土重来未可知。"

永不言败是走向成功的动力。很多时候，成功与失败的距离只差一线。当你痛失了一次机遇，而和成功失之交臂时，不要过早地对自己丧失信心，只要坚毅地向既定的目标稳步前行，你终会发现曙光在前，胜利在望。

天启元年(1621年)，28岁的谈迁因母亲亡故，守丧在家，读了不少明代史书，觉得其中错漏甚多，因此立志编写一部翔实可信，符合明代历史事实的明史。

在此后的26年中，他长年背着行李，步行百里之外，到处访书借抄，广搜资料，终于卒5年之功完成了初稿。以后陆续改订，积26年之不懈努力，六易其稿，撰成了百卷400多万字的巨著《国榷》。

岂料书稿即将付印前(清顺治四年1647年8月)被小偷盗走，26年的心血付诸东流，谈迁心痛欲裂，悲愤地仰天长号。但是，沉重的打击没有动摇谈迁的志向，书稿丢了，可人还在，只要自己还有一口气，书就一定要出来。

谈迁擦干泪水，重新拿起笔。尽管年事已高，体弱多病，记忆衰退，行走不便，但倔强的禀性和执着的信念支撑着他千里奔波搜寻史料，夜以继日,笔耕不辍。

经4年努力,谈迁终于完成新稿。顺治十年(1653年),60岁的他携第二稿远涉北京,在北京两年半,走访明遗臣、故旧,搜集明朝遗闻、遗文以及有关史实,并实地考察历史遗迹,加以补充、修订。书成后,署名"江左遗民",以寄托亡国之痛,这部呕心沥血之巨作得以完成。

没有谁可以不经历狂风暴雨就登上成功的顶峰,也没有谁生来就注定能成就一番事业。只有刻苦钻研、博学多思,从一次次的跌倒中爬起来,把所有艰难困苦当成磨炼意志的砺石,当成一笔宝贵的人生财富,从容对待生命里每一次失败,才能成为一个真正的强者。

失败并不可怕,可怕的是面对失败畏缩不前、自暴自弃。只有从失败中探求真理,汲取经验,才能够达到希望的终点。

水滴石穿,绳锯木断,在很久之前,我们的先人就已经领悟到,做任何事情都要坚持不懈,不能轻言放弃。对待人生,我们要有积极向上的态度和坚定不移的信念,还要有孜孜不倦、追求到底的决心。我们无法预知自己未来的人生道路上到底会有什么,但总归不会是一帆风顺。不过,只要我们拥有一颗执着的心,拥有面对艰难困苦却永不言败的精神,那么,就算有再大的风浪,也阻挡不了我们前进的脚步。

延 伸 阅 读:

孔子周游列国的故事

知道孔子收徒三千,知道孔子七十二贤,知道孔子周游列国,可孔子到底是从什么时候开始周游列国的? 中间又经历了多少坎坷和磨难?

孔子56岁开始周游列国，受尽了艰难困苦，其中在卫国前后3次时间最长，因此门人中卫国学生很多。孔子虽然在卫国受到礼遇，却没有被任用，在其他国家也没有出仕。

孔子在卫国时，卫国仪邑的那个封疆的官吏要求见孔子。他说："到这里来的有道之士，我从来没有见不到的。"孔子的随从弟子答应了他的要求。那个执掌封疆的官吏见了孔子以后，就对孔子的学生说："你们各位何必忧虑夫子失去官位呢？天下已经混乱很久了，上天要夫子做木铎，教他警醒世人呢！"

有一次，孔子和学生在离开卫国的途中感到口渴，忽然听到水声潺潺，于是循声前往，发现有一流泉清澈见底。弟子们正欲争相掬饮，不料孔子在旁喝阻道："这种流泉喝不得。"弟子们很诧异地望着孔子，孔子指着山上刻字说："石上刻为'盗泉'，不是吾等所当饮。"原来，这盗泉是当年有位盗跖，他洗劫卫国边境，并且杀人无数，卫将军率兵捉拿，盗跖逃藏在这山中，口渴得快要死了，后来发现了这泓泉水而得以解渴，因此在石上刻上"盗泉"二字，永留纪念。

孔子在周游列国期间，很不得志，在离开卫国经过匡这个地方时，竟被匡人团团围住，要加以杀害。原来孔子面貌很像阳虎，从前阳虎在鲁国造反失败，曾逃来匡地，阳虎在匡横征赋税，匡人要杀他，阳虎连夜改装脱逃。孔子被误认作阳虎，在匡地被围困了5天才脱难。

孔子在匡地脱难后，又回到卫国。卫国有位贤大夫史鱼，是位非常刚正的人，他数次向卫灵公进谏说："不可用弥子瑕，要用贤士蘧伯玉。"卫灵公一直不肯听从。后来史鱼病入膏肓，自知无救，便告诉儿子："我在朝为官，生不能谏正君王，死不当成礼。我死后，将尸体移放在牖窗下，且慢大殓。"他儿子谨遵吩咐，当卫灵公前来吊丧时，不见大殓，很是诧异，孝子具实相告，卫灵公羞愧地说："这是我的过失啊！"孔子得知此事后说道："史鱼真是正直啊！已经死了，还行尸谏，感动国君进用贤臣。"

卫灵公夫人南子，美而淫乱。有一天，卫灵公请南子同车出城游览名胜，召孔子陪乘同行，孔子深感卫君好德不如好色，不久便离卫去宋。

孔子到了宋国，很受到宋君的赏识，想请他过来整顿宋国的政治，却引起了宋国司马桓魋的嫉妒。有一天，孔子在屋外的大树下为学生们讲学，正上得起劲时，桓魋带着士兵，想要暗杀孔子。他们拿着刀，绕到大树后，喝了一声便往前砍，幸好孔子在学生的保护下没有被杀死。经过这样的险难，孔子在学生的苦劝下，又离开了宋国。

孔子离开宋国后，在经过郑国到陈国的途中，和弟子们走散了。孔子便一个人独自站在东郭门外，子贡四处寻找，有位郑人告诉他说："东门外有个人，长得九尺六寸，它的额头像尧，头像皋陶，肩像子产，而腰以下不及禹三寸。他看起来很失意的样子，像丧家之犬。"子贡找到孔子之后，便把郑人的话转告给了老师，孔子笑着叹息说："是啊！是像丧家之犬。"

孔子在陈国住了3年，惠公对他颇为礼敬。后来，晋国和楚国争强，波及陈国，不久吴国也来侵犯陈国，陈国常被侵扰，孔子在陈国没什么发展，便与弟子们再到卫国。

由于卫灵公礼貌渐衰，所以孔子在卫国也是不得志。无奈之下，他又与弟子们到陈国，然后又到蔡国，总之栖栖遑遑，在列国都不被重用。在陈蔡之间，孔子还遭遇过绝粮之事。当时，弟子们都饿得面有病容，惟有孔子依然讲诵经史，弹琴作歌。子路很不高兴地问孔子："君子亦有穷乎？"孔子说："君子固穷，小人穷斯滥矣！"意思是说君子虽穷，但不会像小人一样，一穷便放弃原则，为非作歹。

之后，孔子来到楚国，很得楚王的敬重。昭王打算封地给孔子，怎奈为令尹子西所阻，子西向楚王说："孔子乃当世圣人，门下又人才济济，接受封地后，必代楚为君。"楚王听信谗言，取消封地之事，对孔子的态度也变得很冷淡。孔子见状，又开始了他周游列国的生活。

孔子走遍天下，游说诸侯，结交各国士大夫，无非忙于救世；而孔子看富贵就像天上的浮云一般，看功名就好似脚上的破鞋一样。孔子很谦虚地告诉学生说："君子道者三，我无能焉，仁者不忧，智者不惑，勇者不惧。"子贡听到以后就说："这是孔子自道也。"孔子正是智、仁、勇三者都具备的人。

孔子在周游列国中，遇到了很多避世的狂人隐士，譬如接舆、长沮、桀溺等，他们都是怀才不遇、远离世事的人。他们看到孔子奔走于乱世，明知不可为而为，故意说话或作歌，示意孔子也该归隐了。然而，孔子知天命、忧天下，不放弃一丝济世的希望，这岂是隐者、狂士所能了解的。

子路在卫国当官，当时正值卫国父子争国，卫君请子路游说孔子出面为政，解决国难。孔子对子路说，君子行事，必须名正言顺，否则名不正则言不顺，言不顺则事不成。孔子再三推辞，并叮咛子路，此事切勿奋勇争先，以免招杀身之祸。

孔子看卫国非久留之地，正好鲁国以币召孔子，便决定回鲁。在回国途中，经过隐谷，闻到阵阵幽香，孔子举目四顾，看见有几丛幽兰与众木为伍，心中十分感慨，便停车赏兰，取琴作"猗兰操"，托辞于香兰，自伤生不逢辰。

孔子离开鲁国共14载，返国后，已是69岁。鲁哀公见孔子回国，虽表热烈欢迎，可惜懦弱无能，不会重用孔子，孔子也不求仕途。这时，周室衰微，礼乐废，诗书缺，孔子便天天在杏坛上为弟子讲学，并删定群经，为万世立教，从此不再离开鲁国。

孔子在周游列国时，很思念鲁国的弟子们，等回到鲁国后，又很想念当年相从出游的弟子。那些弟子，或已死，或远离，都不在门墙之内。孔子69岁时，儿子伯鱼年50，竟先孔子而亡。孔子晚年丧子，其悲痛可想而知。

第九章

举一反三，达者不计得与失

1.比拿得起更可贵的是放得下

子路曰："夫子可以行矣！"孔子曰："鲁今且郊，如致膰乎大夫，则吾犹可以止。"桓子卒受齐女乐，三日不听政；郊，又不致膰俎于大夫。孔子遂行，宿乎屯。

——《史记·孔子世家》

据《史记·孔子世家》记载：

孔子54岁时，官拜大司寇，代理丞相职务。

孔子参与国事3年，鲁国大治：贩卖猪羊的商人不敢哄抬物价；男女都分路行走；掉在路上的东西没有人捡；四方的旅客来到鲁国的城邑，不必向有司求情送礼，都给予接待和照顾，直到他们满意而归。

齐国害怕鲁国因孔子强大而威胁到自己，就送了80个美女、30匹骏马给鲁国国君。

鲁国国君与大臣季桓子非常高兴，再三去看美女、骏马，并予以接受。

孔子劝阻无效，羞于与季桓子同朝为官，并羞于再做鲁定公的臣子，于是毅然辞官，离开鲁国。

孔子为人懂得放弃。他本是鲁国的丞相，何等风光，但当在鲁国不能实现自己的志向时，他便毅然选择了放弃高官厚禄。

放弃是为了更好地得到，是在放弃中进行新一轮的进取。

取舍间的智慧，全在一个"悟"字。佛家常常说一个人有"悟性"，说的便是一个人懂得取舍的智慧，知道何为可取之物，何为必舍之事。取舍之间，如蜻蜓点水，却恰到好处；一念之间，却把世事想透，不多取一分，也不胡乱舍弃。聪慧如此，必然幸福满怀，于是就常听人们说某某人好福气，却忘了自己其实也可以有"福气"，只是曾几何时，没有掌握好取舍间的尺度与智慧，于是最终只能艳羡他人。

如今尘世中的人们，大多做什么都想赢，做什么都不肯舍弃一分一毫。纵观社会，横看人生，有人因祸得福，有人因福得祸，不胜枚举。

何时该取，何时该舍，这个平衡点很难掌握，而天下也没有放之四海皆准的真理，我们能做的，就是根据此时、此地、此情、此景，去综合权衡利弊得失。只要分析出利大于弊，即可作出取舍；而妄求只有利益，没有弊处，就永远选不对，心里永远无法得到平衡。

一天，有个人在沙漠里迷失了方向，饥渴难忍，酷暑难熬。就在快坚持不住的时候，他发现了一幢废弃的小屋，屋里居然还有一台抽水机。

　　他兴奋地上前取水,可不管怎么做都抽不出半滴水来。这时,他看见抽水机旁有个装满了水的瓶子,瓶子上贴了一张纸条,上面写着:你必须将水灌入抽水机才能引水,不要忘了,在你离开前,请将水装满!

　　能抽出水来固然好,但要是水浪费掉了却抽不出水来,那该怎么办呢?瓶中的水还能让我支撑一段时间,到底应不应该冒这个险呢?这个人犹豫不决。

　　思来想去,他还是将水倒进了抽水机,不一会儿,就抽出了清冽的泉水,他不仅喝了个够,还带足了水,最终走出了沙漠。

　　在临走之前,他把瓶子装满了水,然后在纸条上加了几句话:纸条上的话是真的,你只有先舍弃瓶中的水,才能得到更多的水!

　　取舍间的看开就在于此,发现平衡点,果断地抉择,然后在这个平衡点之上把握平衡,去轻松地感受取舍之后的快乐与美好。

　　其实,是苦是乐全在个人,每个人的渴求不同,快乐源泉也不同。不爱珠宝的人,即使置身虚荣浮华之境,也无伤自尊;拥有万卷书的穷书生,对股票或钻石并没多大兴趣;满足于田园生活的清雅之人,从不羡慕任何荣誉头衔或高官厚禄……爱好即方向,兴趣即资本,性情即命运。

　　作为人,什么样的人生最成功?没有定论,全看个人。非要一味概之,难免会落入愚蠢的窠臼。完全照搬那些看似风光的人的经验与路径,最终只会"舍"错人、"舍"错事,最后,你貌似得到了自己曾经羡慕和企求的,却无论怎样也快乐不起来,只有满怀的懊恼,甚至觉得可笑。

　　如果一定要给成功人的人生下一个定义,给一个框架,那便是,当一切尘埃落定,你内心充盈,能感觉到实实在在的幸福,而无论外界的眼光。

2.学会舍得，有所为有所不为

> 子曰："不得中行而与之，必也狂狷乎！狂者进取，狷者有所不为也。"
>
> ——《论语·子路》

孔子说："我找不到奉行中庸之道的人和他交往，只能与狂者、狷者相交往了。狂者敢作敢为，积极进取，狷者对有些事是肯定不干的。"由此可见，所谓的狂狷之士都是懂得取舍之道的达士。

南怀瑾先生认为，社会上能成为中流砥柱的往往就是这些狂狷之士。就交朋友而言，也是一样，平常无所谓，到了真有困难时，能来帮忙的朋友不是狂之士，就是狷之士。

正所谓"有所为，有所不为"。人的精力是有限的，只有放弃一些事情不做，才能在别的一些事情上做出成绩。所以，我们要学会审时度势，懂得取舍，坚持值得坚持的，放弃或者暂时放弃某些无关紧要的事情。

有一个年轻人很有才华，但是事业却发展得很不顺利，他为此事去请教一位智者。智者见了他之后，并没有给他讲什么人生道理，只是问他喜欢吃些什么，然后请他大吃了一顿。

智者让人摆了满满一桌子山珍海味，有些是年轻人爱吃的，有些是他只耳闻过，还从来都没有机会尝试的美味。开始用餐时，年轻人挥动筷子，每个菜都不放过，想要全部都尝尽，所以当用饭结束后，他吃得非常饱。

智者见他酒足饭饱，就问他："你吃的东西都是些什么味道？"

年轻人摸了摸肚子，很为难地说："太多了，哪里还分得清楚。"

智者又问："那你感觉吃得舒服吗？"

年轻人答听了一愣，讪讪道："肚囊撑涨，非常痛苦。"

智者笑了笑说道："是啊！人的肚囊还真是有限啊！"

年轻人看了看满桌都只是浅尝几口的菜肴，顿时彻悟。

年轻人每一样菜肴都不放过，所以他将自己撑得非常痛苦；但是他每一样都仅是浅尝即止，所以每一样都无法体会到其中深味。这就好比是人生，人的一生会遇到很多美好的东西，但我们不可能每一样都去追逐，因为我们没有那个精力。

在日常的生活中，我们也会面临许多取舍，小到一件衣服、一双鞋子、一份午餐的选择，大到一份工作、一段感情的取舍。许多人都曾经在一份艰苦的工作中挣扎很久，或是在一段不适合自己的爱情面前犹豫不决，即使知道这些并不适合自己，但就是无法舍弃，无法从容地对它说再见。

毫无疑问，在面临取舍时，我们要学会思考，思考什么该放弃，什么不该放弃。为了抓住那些该放弃的而错失生命中最重要的东西，是非常不值得的。一次选择是一次丢失，一次丢失也是一次获得。

一个青年向富翁请教成功之道，富翁什么都没有回答，却拿了三块大小不等的西瓜放在青年面前。

富翁说："如果每块西瓜都代表一定的利益，你选哪块？"

青年毫不犹豫地回答："当然是最大的那块！"

富翁笑了笑，把最大的那块西瓜递给青年，而自己却吃起了最小的那块。

富翁很快就吃完了自己手上的那块，随后迅速拿起桌上最后一块西瓜，得意地在青年面前晃了晃，大口地吃起来。

青年见此，立马就明白了富翁的意思。虽然富翁吃的第一块西瓜没有他的大，但他吃完后，却又占了第二块。如果每块代表一定程度的利益，那么富翁占的利益无疑比青年多。

吃完西瓜，富翁对青年说："要想成功，就要学会放弃。只有放弃眼前利益，才能获得长远大利，这就是我的成功之道。"

人的一生就是一个选择的过程，今天的放弃，正是为了明天的得到。贪大求全并不好，懂得取舍才是王道。

两千年前，孟子就告诉我们，鱼与熊掌不可兼得。人的生命是有限的，在这个有限的时间内，我们应该作出理性的选择，决定什么该拥有，什么该放弃。只有做出了正确的选择，我们才能拥有正确的人生。

3.过去的就让它过去吧

哀公问社于宰我。宰我对曰："夏后氏以松，殷人以柏，周人以栗，曰：使民战栗。"子闻之曰："成事不说，遂事不谏，既往不咎。"

——《论语·八佾》

鲁哀公问宰我用什么木头做土神的牌位好。宰我回答说："夏代用松木做,殷代用柏木做,周代用栗木做,用栗木做的意思是使老百姓望而生畏,战战兢兢。"孔子听到后说:"已经做成的事就不必再说它了,已经做了的事就不必再劝阻了,已经过去的事就不必再追究了。"

人们常说:"过去的就让它过去吧。"那些过去的人和事已经消失在苍茫的人海中、无涯的时间里。当我们屏气凝神,细细品味生活的时候,内心会变得非常宁静,在这份沉静中,我们的执著、妄念将会得到克制。闭目冥想,在千百万年的时间里,在永恒浩渺的宇宙中,每一个生命都如此的渺小、脆弱,不能改写过去和未来的命运,我们能够做的,只是沉静下来,把过去的时光交给过去,把未来的希望留给未来,把我们自己的心灵留在当下,活在当下的每分每秒里。

"过去是未来,未来是过去,现在是去来,菩萨晓了知。"这是一首"现在主义"的禅诗。过去就是未来,未来也就是过去,现在就是过去以及未来。

其实,在时间的脉络中,时间的过去、现在和未来是互相交错、不可分割的,我们唯一能够把握的只有现在。所以,不要牵挂过去,不要担心未来,踏实于现在,便能与过去和未来同在。

有人曾请教弘一法师:"有形的东西一定会消失,那么世上会有永恒不变的真理吗?"弘一法师回答:"山花开似锦,涧水湛如蓝。"如锦缎般盛开的鲜花,虽然转眼便会凋谢,但依然不停地奔放绽开;碧玉般的溪水,虽然映照着同样蔚蓝如洗的天空,却每时每秒都在发生变化。

世界是美丽的,但所有的美丽似乎都会转瞬而逝。这也许会让人伤感,但生命的意义就在于这从有到无的过程。时间就像一支离了弦、永不落地的箭,是单向的,不能回头,所以我们要把握住现在、今朝,认真地活在当下。能够抓住瞬间消失的美丽,就是一种收获。

放下过去的烦恼,舍弃未来的忧思,顺其自然,把全部精力用来承担眼前这一刻,因为失去此刻便没有下一刻,不能珍惜当下,也就无法向往未来。

曾有人问弘一法师："什么是活在当下？"弘一法师回答说："吃饭就是吃饭，睡觉就是睡觉，这就叫活在当下。"仔细想来，人生最重要的事情不就是我们现在做的事情吗？最重要的人不就是现在和我们在一起的人吗？而人生最重要的时间不就是现在吗？

一位老禅师带着两个徒弟，提着一盏灯笼行走在夜色中。一阵风吹来，灯笼被吹灭了，徒弟担心地问："师父，怎么办？"师父淡淡地说："看脚下！"

那些张皇失措的观望、心无定数的期盼，除了妄想以外，几乎不能给人们带来什么快乐，反倒是那些懂得路在脚下的人能够踏踏实实地走好每一步。

4.学会自省，健全自己的人格

子曰："已矣乎！吾未见能见其过而内自讼者也。"

——《论语·公冶长》

社会人心败坏，孔子大叹没见过能知其过而自我批评的人，此处提出需要反省的对象是普罗大众。

孔子对反省的见解持着正面的态度。反省不仅能安定社会，对个人的内心修养更是助益良多。

但在当今社会，却常见人们放大别人的问题，而非借由所见所闻省察自己的内心，借此对照自省。如果大家都能把自我反省当成平日的习惯，积极改正缺失，不断地做得更好；借由反省来要求自己的行为，实践孔子"见贤思齐焉，见不贤而内自省也"的观点，你凶我狠的状况就不会不断发生，社会问题也就不会不绝如缕了。

曾国藩被称为中国历史上"最后一位理学大师"，他如饥似渴地学习知识，想尽办法来提升自己的智慧。同时，他还发挥自己强大的内省功夫，不断检视自己的思想和行为，找到不足或者不正确的地方，然后坚决改之，不断提升自我道德修养。曾国藩的内省功夫之所以强大，是因为他是随时随事、时时处处反省自己，这就使得他的内心始终像有一位称职的警察，时刻监督着他的一举一动，让他不敢越雷池一步。

曾国藩到京师的最初几年里，每天迎来送往的应酬特别多，并不是因为他有多重要，而是他想借此来消磨时光。

道光二十年四月，庶吉士散馆，曾国藩留在翰林院。"本要用功"，但"日日玩愒，不觉过了四十余天"。此后的一段时间，除了给家里写一封信商议家眷来京之事外，"余皆忽忽，因循过日，故日日无可记录"，每天都是送往迎来，吃酒、读书、闲侃。所以，他早期的《日记》每天都在"检讨"，但每天都会故态复萌。很显然，曾国藩一开始的自省并没有收到好的效果，但他知道这样的品行如果不能改掉，是无益于成大事的。

和同僚的交往固然可以加深了解、沟通，却也会荒废时日。道光二十二年十月的一天，曾国藩读了《易经·损卦》后，即出门拜客，在杜兰溪家吃了中饭，随即又到何子敬处祝贺生日，晚上又在何宅听了昆曲，到了"初更时分"才拖着疲惫的身体回家。当天的日记充满了自责，说"明知

(何子敬生日)尽可不去，而心一散漫，便有世俗周旋的意思，又有姑且随流的意思。总是立志不坚，不能斩断葛根，截然由义，故一引便放逸了"。尽管日记中不忘"戒之"二字，但他很快就又犯了。

当月的二十四、二十五两天，京城刮起大风，曾国藩"无事出门，如此大风，不能安坐，何浮躁至是"，"写此册而不日日改过，则此册直盗名之具也。既不痛改旧习，则何必写此册"？

如此大风也不能安坐家中，曾国藩的浮躁可见一斑，他也认识到了浮躁的危害，于是决心强迫自己静坐下来读书，但甚至连"白文都不能背诵，不知心忙什么。丹黄几十页书，如勉强当差一样，是何为者？平生只为不静，断送了几十年光阴。立志自新以来，又已月余，尚浮躁如此耶"。他也分析了为什么自己如此喜欢交游往来，无非是"好名"，"希望别人说自己好"，并说这个病根已经很深，只有减少往来，"渐改往逐之习"。

几天后，曾国藩听说菜市口要斩杀一位武臣，别人邀他一同看热闹，他"欣然乐从"，虽然内心很挣扎，但也不好驳了朋友的面子，因此"徘徊良久，始归"。他说自己"旷日荒谬至此"，虽然没有去，但心却没有静下来，于是又去了雨三家，他不顾正在忙碌的雨三，非要东拉西扯地谈谈"浑"。日记中说："谈次，闻色而心艳羡，真禽兽矣。"从雨三家出来，本来已经很晚了，但他仍不愿回家，又到子贞家中，三更才归。

参加进士同学的团拜，他也"目屡邪视""耻心丧尽"；赴朋友的喜筵，他"谐谑为虐，绝无闲检"。周身为私欲所纠缠，使得他的理学功夫大减，一听别人谈论理学，便感到隔膜不入。于是，曾国藩决定一改昔日所为，"截断根缘，誓与血战一番"。

为了改掉自己的坏习惯，曾国藩提出了三戒：一戒吃烟，二戒妄语，三戒房闼不敬。后来，他这三点都做到了。

曾国藩认为，吸烟不仅有害健康，还有害精神。他说：精神要常令有余，做起事来才能精气十足而不散漫。"说话太多，吃烟太多，故致困乏。"

他觉得应酬过多,精神就难以集中,做起事来也会出差错,而吸烟对此有很大影响。

曾国藩认识到,沉溺于色会妨碍事业。他曾经有"喜色"的毛病,看到朋友纳了小妾就会浮想联翩。为了能他日有所作为,他严格限制自己的情欲,甚至夫妻之间正常的情感交流都严加克制。他认为,人的私欲、情欲一旦膨胀就难以收拾,终会妨碍大事业。他始终坚决不纳妾,生活作风上也严格自律,这正是他精神品格上的突出之处。

当然,尽管曾国藩一意要自立,要与过去的缺点告别,然而要改过何其艰难,所以,他改过自立的过程十分曲折。不过,曾国藩刻苦自立的努力并没有白费,到了道光二十三年,上述诸多毛病已经得到了有效的遏止,在这一年的日记里,很少看到他再为上述毛病而忧心。新的一年里,曾国藩致力于纠正忿、欲两大毛病。

曾国藩的成功不是偶然的,他终其一生的内省功夫是一个强大的助力,他在这种强大的内省中修炼了自己的内心和品德,提升了自己的人生智慧。

古人云:吾日三省吾身。内省历来是儒家所提倡的道德修养方法,孔子在《论语·里仁》中说:"见贤思齐焉,见不贤而内自省也。"荀子则把"自省"和学习结合起来,作为实现知行统一的一个环节。他说:"君子博学而日参省乎已,则知明而行无过矣。"朱熹说:"日省其身,有则改之,无则加勉。"

以上种种,无不说明内省是查漏补缺的最好办法。肯反省才会有进步,要知道,"智者事事反求诸己,愚者处处外求于人"。当今最具影响力的心理学家之一加德纳强调,内省智能是多元智能中一种十分重要的智能。内省智能强的人能自我了解,意识到内在情绪、意向、动机,以及自律、自知和自尊的能力,了解自己的优劣,科学谨慎地规划自己的人生。

5.凡事要取一种灵活洒脱的态度

子曰："毋意,毋必,毋固,毋我。"

——《论语·子罕》

固执会把一个聪明人变成傻瓜,过度坚持意味着自己把自己逼上绝路。这是明白人与糊涂人之间最大的区别。

不要想当然,不要绝对,不要固执,不要以自我为中心。固执的人是死脑筋,会把自己与身边的人都搞得很狼狈,只有灵活而坚持原则才能真正执着地做事。

人一固执就很难听见别人在说什么, 容易犯各种各样的小错与大错。孔子说的这四个不要,核心就是不要固执。

孔子以前非常固执,一定要当周公之徒,要通过当大官来行大道。等到他真的当了大官,便诛杀了政敌少正卯。因为别人的相反意见对当时的他来说是不可容忍的,必须受到惩罚。

孔子后来才知道自己错了。世界上人很多,你有你的坚持,我有我的坚持,人与人交往,意见冲突在所难免,一有冲突就杀人,世界上的人你杀得完吗? 因此,矛盾应搁置,即便暂时不解决,又能如何呢?

孔子明白这个道理后,不再认为自己是惟一正确的。他在周游列国的路上遇到过诸如荷蓧丈人、楚狂接舆等这样的异端,此时的他非常开明,任凭别人如何评说,都不会再像从前那样诉诸武力,过了就过了,反而当作是一种乐趣。

孔子为什么会有这么大的转变？因为他自己也是个大"异端"，所以能理解各种"异端"。孔子的想法与众不同，因此尽管周游列国，但没有一个国君聘用他，可见孔子在各国国君眼中确实是个"异端"。国君们要的是如何杀人管人的绝招，孔子却说"仁者爱人"，因此注定不得启用。

一次次碰壁让孔子明白，自己所想的与国君们相差太远，自己以前的理想很荒唐。如果人想通过别人之手行道，那就不是道了。因此，人必须自己去行道，或者说，只需做好自己就是仁义了，根本不需要去拯救谁。

每个人都有自己的生活，神圣不可侵犯；每个人都有自己的生命，庄严不可亵渎。在这种原则下，坚持自我是可贵的，企图改变别人、拯救别人、役使别人是不好的想法。孔子说"毋固、毋我"，没有说不要自我，正好相反，孔子说不要小我。

佛经上把固执叫做"执着"，人有执着心就不容易明白一些更执着的道理，因此应该"去执"。

去掉固执，就会真正地执着。

有修行的僧人居士们处事都很随便、随缘，这种无执的背后是一种可贵的大执着。他们内心的信念如花开原野，如星升夜空，是一种大境界。有一种自然的力量进入其身体，所以他们不会被一般的麻烦困扰。

孔子说"毋固"的同时也是让我们巩固内心的信念，但不要试图强加于人，这样我们就可以自美其道，自得其乐。

6.雪中送炭,胜过锦上添花

子华使于齐,冉子为其母请粟。子曰:"与之釜。"请益。曰:"与之庚。"冉子与之粟五秉。子曰:"赤之适齐也,乘肥马,衣轻裘。吾闻之也:君子周急不继富。"

——《论语·雍也》

公西赤出使齐国,冉有替公西赤的母亲申请小米。孔子说:"给他六斗四升。"冉有请求增加一些。孔子说:"再给他二斗四升。"结果冉有竟给了他八十石。孔子说:"公西赤到齐国去,坐的是肥马驾的车辆,穿的是又轻又暖的皮袍。我听说过:君子周济急需而不给富人添富。"

这一段的背景,大概是孔子当政为官的时候,所以才有学生公西赤到齐国去做大使,孔子拨给他安家口粮的问题。而学生冉有大概是在做总管一类的角色,居然"一朝权在手,便把令来行",不顾老师的意见,一下子给了亲密的同学公西赤远远超过老师规定指标的安家口粮。值得注意的是,孔子并没有为此而大发雷霆,也没有撤职查办冉有,而只是语重心长地说:公西赤到齐国去会过得很好,完全有能力负担他母亲的生活,因此我们没有必要为他锦上添花,而要去周济那些穷困的人,为他们雪中送炭。

这就是所谓"求人须求大丈夫,济人须济急时无",凡事都有轻重缓急,圣人的心里是非常有数的。我们在日常生活当中,遇事又何尝不应作如此处理呢?

要想从别人那里得到回报,首先就要学会主动给别人提供帮助。很多时候,人们在帮助别人的定位上不够清晰,往往只做锦上添花的事情,而忽略了雪中送炭。相同的付出,对于锦上添花的人来说,得到的满足很小,雪中送炭却正好相反。

经济学上有"边际效用"的说法,也就说效用随着人们消费的某种商品的不断增加而递减。举例说,一杯水对井边的人来说,即使倒掉,他也毫不在乎;而对沙漠旅行者来说,水壶中剩下的最后一杯水,拥有了它,就如获甘泉玉器。道理很简单,如果你给亿万富翁几千元,产生的作用就相当一杯水对身处井边的人而言,几乎等于做无用功。

雪中送炭胜过锦上添花,这个道理很浅白,但一做起事来,很多人就忘记了。为人处世是一门学问,明白了这其中的关系,你就会离幸福更近一些。

7.太平之世施才,黑暗之世全身

子谓南容:"邦有道,不废;邦无道,免于刑戮。"

——《论语·公冶长》

孔子评论南容说:"国家政治清明的时候有官做,国家政治黑暗的时候也不致被刑罚。"

用现在的话讲解孔子的意思就是,在太平之世施展抱负,在黑暗之世保全自己。

由此可知，圣人并不主张我们去做一个黑暗时代的牺牲品，而是要求我们讲究一点处世的艺术。

南容能够做到这一点，所以孔子把自己的侄女嫁给了他，以保证侄女在乱世中不会守寡。

公冶长人品好，南容人品也好。有意思的是，孔子把自己的女儿嫁给了坐牢的公冶长，而把侄女嫁给了处世很有一套，不会有坐牢之苦的南容。这种做法很有分寸，对得起死去的兄长，不会受到世人的指责，说起来，也是一种处世的艺术。

宁武子是春秋时代卫国很有名的大夫。"邦有道则知"，当国家政治清明、政通人和之时，他便充分施展自己的聪明才智；在"邦无道"的时候，他便表现得愚蠢鲁钝、碌碌无为。在国家兴盛、政治稳定之时，人人都竭尽全力，大展其才；而在社会混乱之时，要像宁武子一样，能韬晦沉冥，隐藏自己的智慧，"存身以求济大事"，安于朴实无华、老实平淡，就很难了。所以，孔子说："其知可及也，其愚不可及也。"

罗贯中的长篇小说《三国演义》中的刘备就是一个很懂"韬晦之计"的人。

汉王朝末期，天下大乱，群雄争霸。当时曹操"挟天子以令诸侯"，专横一时。虽然此时的刘备已经升到了左将军，但仍处于劣势。不久，不满曹操专横的人暗自计划要推翻他，推举刘备为首领，集体签名上书。刘备为了避免曹操的怀疑，一心在家里的院子里种菜。但是有一天，曹操突然把刘备叫去，问道："最近，听说你在干什么有趣之事。"刘备听后先吃了一惊，当他探明曹操是指种菜的事时，才放下心来。过了一会儿，在酒宴上，曹操问刘备："你辗转经行各地，觉得当今世界上谁堪称英雄？"刘备举了好多人物，曹操都一一否定，最后说道："当今天下胸怀大志的英雄，就是你、我两人。"刘备以为韬晦之术终于被看破,不觉脸色大变,连筷子也掉了。恰巧这时,阴沉昏暗的天空中突然响起惊雷,刘备马上说:"听雷受惊,不免失态。"勉强蒙混过去。《三国演义》在这一段叙述之后,有一首诗赞扬刘备道:"勉从虎穴暂趋身,说破英雄惊杀人。巧借闻雷来掩饰,随机应变信如神。"

清朝名士郑板桥说过一段话:"聪明难,糊涂亦难,由聪明而转入糊涂更难。放一着,退一步,当下心安,非图后来福报也。"绝顶聪明之人,要收敛自己聪明的锋芒。"敢为天下先"也是需要视时机而定的。

延伸阅读:

孔子生平简介

孔子(前551~前479),名丘,字仲尼,春秋末期鲁国陬邑(今山东曲阜市东南)人。我国古代著名的思想家、教育家、儒家学派创始人。相传有弟子三千,贤弟子七十二人。孔子曾带领弟子周游列国14年,晚年潜心致力于古文献整理,修《诗》《书》,定《礼》《乐》,序《周易》,作《春秋》。其思想以"仁"为核心,"仁"即"爱人",倡导推行"仁政",且应以"礼"为规范,"克己复礼为仁";提出"正名"主张,以为"君君、臣臣、父父、子子",都应实副其"名";注重"学"与"思"的结合,所谓"学而不思则罔,思而不学则殆";首创私人讲学风气,主张因材施教,"有教无类""学而不厌,诲人不倦",强调"君子学道则爱人,小人学道则易使也"。自西汉以后,孔子学说成为两千余年封建社会的文化正统,影响极其深远。现存《论语》一书,记载有孔子与门人的问答,是研究孔子学说的主要资料。

家世渊源

孔子的先世出自王家，为子姓殷商遗民。在商朝，孔氏长支被封为宋公，负责商朝历代君王的祭祀。商朝灭亡后，孔氏远祖微子启（商纣王的哥哥、殷末"三仁"之一）受封于宋，都商丘，奉殷商祀。

由微子启经微仲衍、宋公稽、丁公申，四传至泯公共。泯公长子弗父何让国于其弟鲋祀（即宋厉公），自为宋国上卿，孔子先祖遂由诸侯之家转为公卿之家。

弗父何生宋父周（名周，字宋父），周生世父胜（名胜，字世父），胜生正考父（名正，字考父）。正考父接连辅佐宋戴公、武公、宣公，久为上卿，以谦恭著称于世。他熟悉商代文献，曾校"商之名颂"；他受君委命，一命而偻，二命而伛，三命而俯，循墙而走，不争于人。

正考父生孔父嘉（名嘉，字孔父），嘉继任宋大司马。后宋太宰华父督作乱，弑宋殇公，杀孔父嘉。嘉子木金父（名木，字金父）避难奔鲁，定居陬邑（孔氏为鲁国人自此始），卿位始失，下降为士，世为鲁大夫。根据古代宗法制度"五世亲尽，别为公族"，自弗父何让位至孔父嘉已有五代，子孙以嘉字为氏，遂为孔氏。

木金父生夷父罪（名罪，字夷父，又作祈父），罪生防叔（名失考，为防邑大夫，因号防叔），防叔生伯夏（其字，名失考），伯夏生叔梁纥（名纥，字叔梁）。叔梁纥为鲁国陬邑大夫，颇以勇武闻名于时。《左传·襄公十年》载：公元前563年，叔梁纥随诸侯军讨伐伯阳。伯阳虽是个附庸小国，却长于诡计。当诸侯军兵临城下四面楚歌之时，伯阳人大开城门，妄称受降。诸侯军不知其诈而争入，军人方半，伯阳人猛然放下高悬的城门，诸侯军有被拦腰截断、各个歼灭的危险。叔梁纥见势不妙，双手托住千斤城门，呼令诸侯军迅速撤出，避免了一场重大灾难。7年后，叔梁纥与大夫臧孙纪同守防邑，被齐军团团围困，众寡悬殊，动弹不得。一天夜里，叔梁纥侦察好敌情，挑选精壮三百，披坚执锐，乘间突围。将臧孙纪送出重围，然后重返防邑坚守。一往一来,如入无人之境。由于他有谋有勇,遂以武功闻名诸侯。

叔梁纥先娶妻施氏,生九女,无子。又娶妾,生一子,病足,取名伯尼,又称孟皮。复娶颜徵在,时叔梁纥已66岁,而颜徵在还不到20岁,遂生孔子。

孔子3岁时,叔梁纥卒,孔家成为施氏的天下。施氏为人心术不正,孟皮生母已在叔梁纥去世前一年被施氏虐待而死,孔子母子也不为施氏所容,孔母颜徵在只好携孔子与孟皮移居曲阜阙里,生活艰难。孔子17岁时,孔母颜徵在卒。孔子19岁娶宋人亓官氏之女为妻,一年后亓官氏生子,鲁昭公派人送鲤鱼表示祝贺,孔子感到十分荣幸,给儿子取名为鲤,字伯鱼,享年50岁。孔鲤生子孔伋,字子思,享年62岁,著有《中庸》,成为儒家经典之一。

长期流离

据《史记·孔子世家》载:鲁襄公二十二年(前551年),孔子生于鲁国陬邑昌平乡(今山东曲阜城东南)。因父母曾为生子而祷于尼丘山,故名丘,字仲尼。其生月生日《史记》未记,按《谷梁传》所记"十月庚子孔子生",换算为当今之公历,应为公元前551年9月8日生。

孔子生在鲁国,鲁国为周公旦之子伯禽封地,对周代文物典籍保存完好,素有"礼乐之邦"之称。鲁襄公二十九年(前544年),吴公子季札观乐于鲁,叹为观止;鲁昭公二年(前540年),晋大夫韩宣子访鲁,观书后赞叹"周礼尽在鲁矣"。鲁国文化传统与当时学术下移的形势对孔子思想的形成有很大影响。

孔子早年丧父,家境衰落。他曾说过:"吾少也贱,故多能鄙事。"年轻时曾做过"委吏"(管理仓廪)与"乘田"(管放牧牛羊)。虽然生活贫苦,孔子15岁即"志于学"。他善于取法他人,曾说:"三人行,必有吾师焉。择其善者而从之,其不善者而改之。"他学无常师,好学不厌,乡人也赞他"博学"。

孔子"三十而立"，并开始授徒讲学。凡带上一点"束修"的，都收为学生，如颜路、曾点、子路、伯牛、冉有、子贡、颜渊等，是较早的一批弟子。连鲁大夫孟僖子及其子孟懿子和南宫敬叔都来学礼，可见孔子办学已名闻遐迩。私学的创设，打破了"学在官府"的传统，进一步促进了学术文化的下移。

鲁国自宣公以后，政权操在以季氏为首的三桓手中。昭公初年，三家又瓜分了鲁君的兵符军权。孔子曾对季氏"八佾舞于庭"的僭越行为表示愤慨。昭公二十五年(前517年)，鲁国内乱，孔子离鲁至齐。齐景公向孔子问政，孔子说："君君，臣臣，父父，子子。"又说："政在节财。"齐政权操在大夫陈氏手中，景公虽悦孔子言，却不能用。

孔子在齐不得志，遂又返鲁，"退而修诗书礼乐，弟子弥众"，从远方来求学的，几乎遍及各诸侯国。其时，鲁政权操在季氏手中，而季氏又受制于其家臣阳货。孔子不满这种"政不在君而在大夫""陪臣执国命"的状况，不愿出仕。他说："不义而富且贵，于我如浮云。"

鲁定公九年(前501年)，阳货被逐，孔子才见用于鲁，被任为中都宰，是年，孔子51岁。"行之一年，四方则之"。遂由中都宰迁司空，再升为大司寇。鲁定公十年(前500年)，齐鲁夹谷之会，鲁由孔子相礼。孔子认为"有文事者必有武备，有武事者必有文备"，早有防范，使齐君想用武力劫持鲁君之预谋未能得逞，并运用外交手段收回了被齐侵占的郓、灌、龟阴之田。定公十二年(前498年)，孔子为加强公室，抑制三桓，援引古制"家不藏甲，邑无百雉之城"，提出"堕三都"的计划，并通过任季氏宰的子路去实施。由于孔子利用了三桓与其家臣的矛盾，季孙氏、叔孙氏同意各自毁掉了费邑与后邑。但孟孙氏被家臣公敛处父所煽动而反对堕成邑。定公围之不克，孔子计划受挫。

孔子仕鲁，齐人闻而惧，恐鲁强而并己，乃馈女乐于鲁定公与季桓子。季桓子受齐女乐，三日不听政。孔子政治抱负难以施展，遂带领颜回、子路、子贡、冉有等十余弟子离开"父母之邦",开始了长达14年之久的周游列国的颠沛流离生涯,是年,孔子已55岁。先至卫国,始受卫灵公礼遇,后又受监视,恐获罪,将适于陈。过匡地,被围困5天,解围后原欲过蒲至晋,因晋内乱而未往,只得又返卫。曾见南子,此事引起多方的猜疑。卫灵公怠于政,不用孔子。孔子说:"苟有用我者,期月而已,三年有成。"后卫国内乱,孔子离卫经曹至宋。宋司马桓魋欲杀孔子,孔子微服过宋经郑至陈,是年,孔子60岁。其后,孔子往返陈蔡多次,曾"厄于陈蔡之间"。据《史记》记载:因楚昭王来聘孔子,陈、蔡大夫围孔子,致使绝粮七日。解围后,孔子至楚,不久,楚昭王死,卫出公欲用孔子。孔子答子路问曰,为政必以"正名"为先。返卫后,孔子虽受"养贤"之礼遇,但仍不见用。鲁哀公十一年(前484年),冉有归鲁,率军在郎战胜齐军。季康子派人以币迎孔子,孔子遂归鲁,时孔子年68。

孔子归鲁后,鲁人尊以"国老",初鲁哀公与季康子常以政事相询,但终不被重用。孔子晚年致力于整理文献和继续从事教育。鲁哀公十六年(前479年),孔子卒,葬于鲁城北泗水之上。

政治生涯

孔子终生热衷于从事政治,有一腔报国热血,也有自己的政治见解,但最高统治者对于他始终是采取一种若即若离、敬而远之的态度。他真正参与政治的时间只有4年多,在这4年多的时间里,他干了不少事,职务提升也很快,但终究因为与当权者政见不同而分道扬镳。

孔子自二十多岁起,就想走仕途,所以对天下大事非常关注,对治理国家的诸种问题经常进行思考,也常发表一些见解,到三十岁时,已有些名气。鲁昭公二十年(前522年),齐景公出访鲁国时召见了孔子,与他讨论秦穆公称霸的问题,孔子由此结识了齐景公。鲁昭公二十五年(前517年),鲁国发生内乱,鲁昭公被迫逃往齐国,孔子也离开鲁国,到了齐国,受到了齐景公的赏识和厚待,甚至齐景公曾准备把尼溪一带的田地封给孔子，但被大臣阻止。鲁昭公二十七年(前515年)，齐国的大夫想加害孔子，孔子听说后向齐景公求救，齐景公说："吾老矣，弗能用也。"孔子只好逃回鲁国。

当时的鲁国，政权实际掌握在大夫的家臣手中，被称为"陪臣执国政"，因此孔子虽有过两次从政机会，却都放弃了，直到鲁定公九年(前501年)被任命为中都宰。孔子治理中都一年，卓有政绩，被升为小司空，不久又升为大司寇，摄相事，鲁国大治。鲁定公十二年(前498年)，孔子为削弱三桓(季孙氏、叔孙氏、孟孙氏三家世卿，因为是鲁桓公的三个孙子，故称三桓，当时的鲁国政权实际掌握在他们手中，而三桓的一些家臣又在不同程度上控制着三桓)，采取了"堕三都"的措施(即拆毁三桓所建城堡)。后来"堕三都"的行动半途而废，孔子与三桓的矛盾也随之暴露。鲁国举行郊祭，祭祀后按惯例送祭肉给大夫们时，并没有送给孔子，这表明季氏不想再任用他了。孔子在不得已的情况下离开鲁国，到外国去寻找出路，开始了周游列国的旅程。

教育生涯

孔子一生中有一大半的时间在从事传道、授业、解惑的教育工作。他创造了卓有成效的教育、教学方法，总结、倡导了一整套正确的学习原则，形成了比较完整的教学内容体系，提出了一系列有深远影响的教育思想，树立了良好的师德典范。

孔子的教育活动大致可以分为三个阶段：

第一阶段：自开始办学，到去齐国求仕之前，约七八年时间。这一阶段，他的门徒还不大多，但是办学有成效，在社会上已经有了较大的名声。在这一时期，孔子的学生中有比他只小6岁的颜路(颜回之父)，有比他只小9岁的子路。子路几乎终生陪伴着孔子。

第二阶段：自37岁(鲁昭公二十七年，前515年)从齐国返回鲁国，到55岁(鲁定公十三年，前497年)周游列国之前。这一阶段共计18年的时间。这

18年中,孔子虽然有4年多的时间在做官从政,但并没有停止授徒。这一阶段是孔子教育事业大发展的阶段,他的教育经验越来越丰富,教育水平越来越高,名气越来越大,所收的弟子也越来越多。除了鲁国的学生之外,他的学生中还有来自齐、楚、卫、晋、秦、陈、吴、宋等国的求学者。这一时期,孔子的威望已经树立了起来。他的一些有名的弟子,如颜回、子贡、冉求、仲弓等,大都是在这一时期进入孔门的。这些弟子中的一部分人后来跟随他周游列国,一部分从了政。

第三阶段:自68岁(鲁哀公十一年,前484年)周游列国结束回到鲁国,到他去世,共5年时间。这时,他虽然被季康子派人迎回鲁国,但鲁哀公、季氏最终并没有任用他。他虽然有大夫的身份,有时也发表一些政见,但没有人听从他的意见。所以,他所有的精力都集中到了办教育与整理古代文献典籍上。这一时期他的学生也很多,并培养出了子夏、子游、子张、曾参等才华出众的弟子。这几个人后来大都从事了教育事业,对儒家学派的形成与发展,及孔子思想的传播起到了重要作用。

孔子在周游列国的14年中,也没有停止过教育活动。他在卫国、陈国先后住了数年的时间并没有从政,弟子就在身边,师生之间不可能不进行学术研讨。他带着弟子到列国去周游,本身就开阔了这些学生的眼界,他们的意志也受到了磨炼,这可以说是一种特殊的教育活动。

纵观孔子的一生,他对学生的影响,一部分是言传,如学习古代文献、传授各种技艺等,而更多的、更为深刻的则是身教。他的勤奋好学,他对真理、对理想、对完美人格的追求,他的正直、善良、谦虚、有礼,他对国家的忠诚与对老百姓的关心,都深深地感染着他的学生与后人。严格要求自己,以身作则,既是孔子的高尚师德,也是孔子提出的一条教育原则。孔子爱教育、爱学生,诲人不倦,他能平等对待学生,做到教学相长,严格要求自己,以身作则,是具有高尚师德的一代宗师。

学生们对老师非常崇敬,当有人诽谤孔子时,学生们会站出来为孔子辩护，捍卫孔子的崇高人格。"叔孙武叔毁仲尼。子贡曰：'无以为也！仲尼不可毁也。他人之贤者，丘陵也，犹可逾也；仲尼，日月也，无得而逾焉。人虽欲自绝，其何伤于日月乎？多见其不知量也。'"孔子的弟子中，有些人几乎是终生陪伴着孔子，其情感之深，胜于父子兄弟。

孔子死后，被葬于曲阜城北的泗水岸边，弟子们以对父亲之礼仪对待孔子，为其服丧3年；子贡在孔子的坟前盖了一间小屋，为孔子守坟6年。这位中国历史上创办私学的先行者，第一位职业教师，得到了弟子们的衷心尊敬。

性格其人

在中国五千年的历史上，对华夏民族的性格气质产生最大影响的人，当属孔子。孔子是一个教育家、思想家，也可算半个政治家，但他首先是一个品德高尚的知识分子。他正直、乐观向上、积极进取，一生都在追求真、善、美，一生都在追求理想的社会。他的成功与失败，无不与他的品格相关。他品格中的优点与缺点，几千年来影响着中国人，特别是影响着中国的知识分子。

第十章

朴实敦厚,乐天知命真性情

1.顺其自然,摆正心态

子曰:"乐而不淫,哀而不伤。"

——《论语·八佾》

孔子说:"《关雎》,乐而不淫,哀而不伤。"意思是说,《关雎》这首诗快乐不是没有节制的,悲哀却不至于过度悲伤。在做人上,我们也应该做到这样。

《庄子·养生主》中说:"安时而处顺,哀乐不能入也。"意思是说只要顺其自然，摆正心态，任何悲伤消极的情绪都不能进入内心。这并不是说我们要做一个对生活毫无感情的木头人，而是要顺其自然地对待生活中的事情。无论是令人高兴的，还是让人难过的，都不让它们干扰我们的内心。也就是说，我们可以有情绪，该哭的时候哭，该笑的时候笑，但是哭完笑完就要全盘接受它的存在。

《周易·系辞上》记载："乐天知命，故不忧。"当然，每个人都不可能知道生命的下一分钟会发生些什么，所以我们能做的就是做好准备，任其自然，而不是杞人忧天，终日惶恐不安，这样才能"故不忧"。

抗战时期，梁实秋迁居重庆乡下，在主湾山腰买了一栋平房。这房子俨然一副"陋室"的模样：有窗而无玻璃，风来则洞若凉亭；有瓦而空隙不少，雨来则渗如滴漏。附近有高粱地，有竹林，有水池，有粪坑，可谓失意之极。就是这样的地方，却被梁实秋起了个风雅的名字——"雅舍"，而梁先生在此一住就是7年。梁实秋深知此中苦乐滋味，在此间写下了风动一时的《雅舍小品》。

清代名臣纪晓岚，4岁开始读书，11岁随父入京，21岁中秀才，24岁应顺天府乡试，为解元。紧接着，母亲去世，在家服丧，闭门读书，后来入朝为官也颇为坎坷。

乾隆十九年至三十三年，正是纪晓岚在翰林院春风得意、酣酒高歌之时。据《清高宗实录》记载，乾隆三十三年六月，两淮盐政卢见曾因有营私贪污行为而被革职查办，纪晓岚则因为通风报信而被发配乌鲁木齐。

乾隆三十六年六月，纪晓岚奉召回京，此时，他已在新疆待了两年多。在这两年多的时间里，他的大儿子纪汝佶病亡，爱妾郭彩符在纪汝佶西归不久后也撒手人寰。

在这段日子里，纪晓岚对人生有了更深切的感悟，体会到了君主的无常、官场的险恶与世态的炎凉。他曾为自己的一块砚台赋诗："枯砚无嫌似铁顽，相随曾出玉门关。龙沙万里交游少，只尔多情共往还。"

纪晓岚一生坎坷，却始终嬉笑怒骂。他曾三迁御史，三入礼部，两次执掌兵符，最后竟以礼部尚书、协办大学士加太子太保管国子监事致仕。

相传伏羲生自华胥国，华胥国人没有贪婪的私欲，生活快乐自足，乐天知命，率性而为。他们不会因为活着而沾沾自喜，也不会为了死亡而忧心忡忡。他们以一种天然纯朴的方式安身立命，待人接物，真正心无杂念地生活着。这个传说寄托了古人对生活的一种期盼，那就是一种安然无忧的生活状态。

有句古话叫做："兵来将挡，水来土掩。"任何事情都有一个解决的办法，它来便来，不来也无所谓，我们只要过好每一天就够了。宋朝有一座庙，门上有一副对联："得一日粮斋，且过一日。有几天缘分，便住几天。"这就是一种安时顺势、乐天知命的心境。生活很艰难，但更多的艰难是人为臆想出来的，只要看开这一切，就没什么大不了的。

2.清心寡欲，安贫乐道

　　子曰："贤哉，回也！一箪食，一瓢饮，在陋巷，人不堪其忧，回也不改其乐。贤哉，回也！"

——《论语·雍也》

这是《论语》中孔子对其弟子颜回的高度赞美。关键就在于这句"回也不改其乐"，南怀瑾评价说："颜回物质生活是如此艰苦，住在贫民窟里一条陋巷中破了的违章建筑里。任何人处于这种环境，心里必然会生出无数的忧愁与烦恼。可是颜回却仍然不改其乐，心里一样快乐。这实在很难，物质环境苦到这个程度，心境竟然恬淡依旧。个人的修养要到达那个境界可真不简单。"

当代著名高僧星云大师说："佛教对于贫富的看法很简单，贫与富其实只在一念之间，'一念可以让你穷，一念可以让你富'。对于贫穷，有些人是不得不居于贫困，苦熬贫困，觉得贫困可怕之极；也有一些人是甘于贫困，借贫贱的环境来磨炼自己的意志，这是自觉地忍受贫困。孔子所谓'贫而乐道'是心灵有所追求，也就是说，身处贫困而不以为意，仍旧乐道好学也。"

所谓"清心寡欲，安贫乐道"，说的就是心中要有所追求，懂得什么才能让自己真正的快乐，而不是沉迷于物质享受中，不以贫贱为耻，不以富贵为荣，只求内心安逸悠然。

东汉名士姜岐幼年时，父亲因病去世，他便与哥哥姜岑一起生活，共同侍奉母亲。

在姜岐七八岁的时候，母亲体弱多病，有时候病得厉害，一两天都不能进食。姜岐是个出了名的孝子，每次母亲生病，他都会坐在母亲的床前，背诵诗文给母亲听，以宽慰母亲。

廷熹年间，沛国人桥玄任汉阳郡太守。桥玄初来乍到，想找一位在当地有影响力的人帮助自己治理汉阳郡。后经人推荐，聘请姜岐任功曹之职。而姜岐却以母有病在身为由，不肯应聘，桥玄为此很不高兴。

后来，姜岐的母亲去世，姜岐便主动将田产家资全部给了哥哥，自己带着家人到深山里过起了隐居的生活。

姜岐在山中养了大量蜜蜂。每年都会将蜂蜜分送给以前的左邻右舍。后来,越来越多的人追随姜岐而来,他便开设了学馆,免费教人读书。平日里,他养蜂酿蜜,妻子纺线织布,简直就是一对神仙眷侣。

荆州刺史得知此事,便聘请姜岐任荆州从事,可姜岐仍不肯赴任。在之后的日子里,朝廷不断有人举荐他做官,而且官品越来越大,但他始终不为所动。

"陋巷箪食也自在"并不是说人要甘于贫穷,它要表达的是让我们学会在贫穷之时调整自己的心态,找到自己内心真正的快乐。

唐代六祖慧能法师的著名偈语:"菩提本无树,明镜亦非台。本来无一物,何处染尘埃?"做到"心无一物",自然能够自在。不要每天暗自忧伤为什么别人都是千万富翁,而自己却赚得那么少;每个人都有每个人的活法,千万富翁有千万富翁的烦恼,清贫者有清贫者的快乐,最重要是活得自在。

3.超然物外,不为名利所动

芝兰生于深林,不以无人而不芳,君子修道立德,不为穷困而改节。

——《孔子家语》

芝兰开在深谷,并不会因为无人欣赏而不吐露芬芳,真正的君子修己身、立德行，并不会因为穷困潦倒便违背自己的气节。

道德沦丧是因为求名，智谋凸显是因为争强；名引起了相互倾轧，智是相互争强的手段，两者都是凶器，是不可以尽行的。

当今社会，有些人为名不顾道德底线，不顾礼义廉耻；为利铤而走险，绞尽脑汁；为了凸显出自己有智慧，固执己见，争强好胜，久而久之，争议越来越多，真正的学问反而没有了。

陶渊明因为不愿为五斗米而折腰，毅然辞官挂印，回去过他"采菊东篱下，悠然见南山"的生活。在他的眼中，功名利禄不过是过眼云烟，稍纵即逝，终究是不得长久的。

相传庄子与惠子是多年好友，有一年，惠子做了梁国的宰相，庄子想去见见这位好朋友。

有人却急忙报告惠子说："庄子这次来，是想取代您的相位啊！"

"有这回事吗？"惠子有点怀疑，心里感到很恐慌，于是派人在国中搜寻了三天三夜，欲阻止庄子前来，却始终不见庄子的行踪。

有一天，庄子突然从容地来到惠子的官邸拜见惠子，惠子很有礼貌地接见了这位老朋友。相互寒暄之后，惠子开门见山地询问庄子这次来访的目的。

庄子也许听到了那些谣传，于是委婉地说："老朋友啊，您听说过这么一个故事吗？"惠子迷惑不解地问道："什么故事？"

庄子从容道："南方有只鸟，名叫凤凰。这凤凰展翅而起，从南海飞向北海，非梧桐不栖，非竹子的果子不食，非甘甜的泉水不饮。有一次，一只猫头鹰正在津津有味地吃着一只腐烂的老鼠，恰巧凤凰从头顶飞过。猫头鹰急忙护住腐鼠，仰头看着凤凰，愤怒地大喝一声：'吓！你也想来吃鼠肉吗？'老朋友，现在您也想用您的梁国来吓我吗？"

庄子说完，哈哈大笑，扬长而去。

世人眼中，宰相之位虽然位高权重，名利俱隆，但在心怀天地的庄子眼里，却也不过是一只腐烂的死老鼠罢了。

有人说名利就是一张网，有的人用它来捕鱼，而有的人却成了网中的鱼，永远都无法挣脱出来。古往今来，多少人掉入了"名利"这张罗网中，奋力挣扎，却越挣越紧，最后死在了网中，他们贪婪地想要得到更多的东西，结果却把自己原本拥有的也丢掉了。

唐朝有个诗人叫宋之问，他有一个外甥名叫刘希夷，与自己年龄相仿，中过进士但无心仕途，也是一位诗人。有一次，刘希夷写了一首题为《代悲白头翁》的诗，宋之问见诗后，赞不绝口，尤其喜爱诗中"年年岁岁花相似，岁岁年年人不同"这两句。在得知此诗尚未公之于众之后，他心中暗暗窃喜，他知道此诗一出世，必然会迅速流传开来，到时便会名利双收。于是，宋之问便请求外甥将这首诗让给自己。起初，刘希夷答应了，可不久又反悔了，因为他实在难以割爱。不料，宋之问恼羞成怒，为了将此诗据为己有，竟然命令家奴用土袋将外甥给活活压死了。

宋之问为了一首诗的名利，杀死了自己的外甥，换来的却是遗臭万年。由此可见，对于名利的过分追捧，终将会让我们失去自我。

诸葛亮说："非淡泊无以明志，非宁静无以致远。"不追求名利，生活简单朴素，才能显示出自己的志趣；不追求热闹，心境安宁清静，才能达到远大的目标。

有位年轻人在河边钓鱼，他的旁边坐着一位老人，老人也在钓鱼。两个人坐得很近，奇怪的是，老人总有鱼儿上钩，而年轻人一整天都没有收获。

年轻人非常郁闷，便问老人："我们在同样的地方，用同样的鱼饵，为什么你能轻易钓到鱼，我却一无所获？"

老人一笑答道："你是在钓鱼，我是在垂钓。你钓鱼的时候，只是一心想得到鱼，总想着鱼儿有没有上钩，鱼不上钩，你就心浮气躁，鱼儿都被你焦躁的情绪吓跑了。我是在垂钓，我垂钓的时候，心中只有我，没有鱼，鱼来我不喜，鱼去我也不忧，心如止水不焦躁，鱼儿感知不到我，自然就不会逃跑了。"

佛语说："欲除烦恼须无我，各有前因莫羡人。"这是一种出世的思想，大凡真正想成就一番治世功业的人，必须要学会看淡世间的功名利禄，人到了这个境界，可以说是达到了对人生的淡泊。

4.见好就收，功成身退任自如

子曰："泰伯，其可谓至德也已矣。三以天下让，民无得而称焉。"

——《论语·泰伯》

孔子说："泰伯，那可以说是具备至高无上的品德了，三次让出天下，老百姓简直找不出恰当的语言来赞美他。"

弃天下如敝履，薄帝王将相而不为，能够做到这一点的，在历史上没有几个。相反，倒是争权夺位，为天下大权而杀人放火、攻城掠地、勾心斗角、骨肉相残者比比皆是。现代社会，莫说让出整个天下，就是让出一个单位的领导权，对很多人来说也是很难的。

人生在世，谁都希望能够做出一番惊天动地的大事业来，这原本是好的，不过，在济世的过程中，大多数人都渐渐被名利所牵绊，即使是功成名就之后，依然对这些恋恋不舍，不能抽身而退。

范蠡与文种都是越国名臣，在越国打败吴国后，范蠡深知大名之下难久居，所以明智地选择了功成身退，"自与其私徒属乘舟浮海以行，终不反"。他还遣人致书文种，谓："飞鸟尽，良弓藏；狡兔死，走狗烹。越王为人长颈鸟喙，可与共患难，不可与共乐，子何不去？"文种未能听从，不久，果被勾践赐剑自杀。

与之类似的还有韩信与张良，两人位属"汉初三杰"之列，为高祖建汉立下了赫赫功勋。张良深知功高震主的道理，所以天下安定后，他便托辞多病，闭门不出，渐渐消除自己的影响，甚至拒绝了刘邦封王的奖赏，只请封了个侯，最后得以善终。而被称为"功高无二，略不世出"的韩信却因为自恃功高，不知收敛，最后被诛三族。

这种鸟尽弓藏、兔死狗烹的悲剧时有发生。所以，功成身退不失为明哲保身的好办法，越是功劳大的人，越是要及早抽身。

商鞅仕秦孝公时，以历史上有名的"商鞅变法"的功绩奠定了自己的地位，然而，就因为他过于注重权柄，不知功成身退的道理，为最后身死埋下了祸根。

当初，商鞅变法时注重"乱世用重典"，采取了极其严厉的政治改革措施，这虽帮助秦国从一个相对弱小的国家迅速地强大了起来，但也因此触动了许多权贵的利益，在朝野上下树起了数不清的政敌。但因为有孝公支持，所以他的敌人们对他也无可奈何。

然而，有句古话叫"功高盖主"，权势越来越大的他也渐渐让秦孝公感到威胁。孝公生前还曾故意传位于他，以试其心，虽然他没有领受，但也可见当时他已见疑于君上了。这时，他本应主动离开，隐遁避险，另有赵良引用"以德者荣，求力者威"之典故力劝商鞅隐退，可商鞅不以为然，依旧固执己见。

最终，孝公将他的权力渐渐驾空。秦孝公一去世，反对派们在惠王即位后，纷纷策谋陷害他。最终，商鞅被秦惠王以谋反罪名处以五马分尸的极刑。

功成身退是自然之道，符合天地自然的规律，只知道一味前进，不懂收敛退守，那结果只能是盛极而衰，正如《易经》所云："亢龙有悔，盈不可久也。"满盈的东西是不可能长久的。

秦国的另一位宰相李斯也是如此，李斯为秦相，功劳卓著，却在秦二世二年七月，因遭奸人诬陷，而被腰斩于咸阳市。临刑的时候，他对自己的儿子说："吾欲与若复牵黄犬俱出上蔡东门逐狡兔，岂可得乎！"

在此时李斯的眼中，什么功名利禄都比不上"陪着儿子牵着黄狗到上蔡东门外去打猎"，可惜他明白得太晚了。

一般人在最初的时候都是怀着一颗赤子之心去做事的，然而随着时间的推移，自己做的事情越来越多，便开始觉得自己的付出不能白费，应该得到相应的报酬。立的功劳越大，这种想法就越强烈，于是在功成名就之后，越发贪恋红尘，不肯轻易离去，而这种求权求利的心态正是上位者所忌讳的。只有那些能够看得开的人，能够把理想作为人生目标的人，才能躲过这样的灾难。

在古代，功成身退是明哲保身的办法，因为那时的上位者掌握着生杀大权。到了现代，当然没有必要这样做，但是借鉴功成身退的做法，对于我们的人生还是有帮助的。在单位里尽量做到不争功,方能显示出自己的博大胸怀,从而赢得更多人的赞赏,这算是一种以退为进的策略;同时,在我们事业有成的时候,也要学会见好就收,不能贪心不足,该收手的时候就要收手,否则,在这个瞬息万变的社会里,很可能会让我们多年的努力一夜之间化为乌有。总之,懂得功成身退,才能拥有一个潇洒的人生。

5.宠辱不惊,去留无意

　　子张问曰:"令尹子文,三仕为令尹,无喜色,三已之,无愠色;旧令尹之政,必以告新令尹,何如。"子曰:"忠矣。"

——《论语·公冶长》

　　子张问:"楚国的令尹子文三次做令尹的官,没有高兴;三次被罢免,没有怨恨。每次交接,一定要把自己的一切政令全部告诉接位的人。这个人怎么样?"孔子道:"可算尽忠于国家了。"

　　人生变幻无常,谁也不能保证自己的生活一帆风顺,不会受到任何打击。人生的起起落落,一定要有一个良好的心态去面对。

　　泰戈尔有一句名言:"天空不留下鸟的痕迹,但我早已飞过。"这也许是对坦然的最好诠释。生活虽不能十全十美,但也不会一直昏天黑地,我们要以平常心对待,无论是人生的低谷还是高峰,只要我们的心不处于低谷,就一定能站在人生的最高点上。

北宋大文豪苏轼一生担任过30个官职，遭贬17次，频频往返于庙堂和江湖之间，还坐过130天大牢。政治上几经挫折，但苏轼却始终对人生有着执著的追求，留下的诗文也很少有悲观厌世之作。贬谪黄州期间，他泛波江流，留下《赤壁赋》这一千古绝唱："逝者如斯，而未尝往也；盈虚者如彼，而卒莫消长也。盖将自其变者而观之，则天地曾不能以一瞬；自其不变者而观之，则物与我皆无尽也，而又何羡乎！"

北宋著名政治家、改革家范仲淹一生几经沉浮，始终笑对，也堪称宠辱不惊的典范。

天圣六年，范仲淹荣升秘阁校理——负责皇家图书典籍的校勘和整理，秘阁设在京师宫城的崇文殿中。虽为秘阁校理，实际上就是皇帝的文学侍从。在此，不但可以经常见到皇帝，而且能够耳闻不少朝廷机密。对一般宋代官僚来说，这乃是难得的腾达捷径。

当时刘太后执政，范仲淹认为于理不合，于是上奏要求刘太后还政于宋仁宗，结果被一纸诏书调往河中府任通判。3年后，刘太后去世，范仲淹重回京师做右司谏。

没过多久，宋仁宗废后，范仲淹作为谏官，直言上奏，结果被远放江外，做了睦州知州。后因治水有功，再次被调回京师任开封知府。宰相吕夷简诬蔑范仲淹勾结朋党，离间君臣，范仲淹便再一次被夺了待制职衔，贬为饶州知州。

后西夏入侵大宋，52岁的范仲淹先是被恢复了天章阁待制的职衔，转眼间又荣获龙图阁直学士的职衔。在范仲淹的努力下，大宋边境得以安宁。此时，范仲淹的人生算得上是攀上了顶峰，他开始主持"庆历新政"。

"庆历新政"失败后，范仲淹被革除了一切军政大权。庆历六年，范仲淹被贬居邓州。在此期间，他写下了著名的《岳阳楼记》，也算是对他一生的总结："登斯楼也，则有心旷神怡，宠辱皆忘……""不以物喜，不以己悲……"

　　人逢喜事、受到宠爱时，往往会神清气爽、兴高采烈；相反，身处逆境时，往往会精神萎靡、烦躁不安，这是极正常的心理现象。但我们不应过分在意得与失，也不要过分看重成与败，顺境时不要太过高兴，逆境时不要太过沮丧，只把这一切当成是自然规律就好了。

　　《菜根谭》中有一副著名对联："宠辱不惊，看庭前花开花落；去留无意，望天上云卷云舒。"这世上的所有荣辱都像天上的云一样，不断地变幻着形状，有时乌云密布，有时晴空万里，我们只要记得，任它什么样，只过自己的人生就好。

6.知足常乐，人到无求品自高

　　子曰："三年学，不至于谷，不易得也。"

——《论语·泰伯》

　　孔子说："学习三年却没有做官的念头，是很难得的事。"
　　读书不含任何功利思想是非常难能可贵的。儒家所崇尚的是一种生活哲学，读书的目的是学做一个君子。读书是一条道路、一种方法，它使你了解人类社会所走过的历程，正视自己的位置，展望未来的道路。它会给你一把开启世界的神奇钥匙，你的胸襟也会随之拓展。

有的人读书只是为了求名求利，甚至由于读了更多的书，他们能用更高明的方法来欺世盗名。这样的人没有真正体悟到求学问道的含义。"学而优则公"，为天下百姓造福是许多读书人的梦想，却不是求学的终极目的，更不要把学问看作升官的一个砝码。"学"的最高境界是为了在生活中做一个实践道德的君子。

古人说："为了天下平民百姓的举止措施，叫事业；为了一家的举止措施，叫产业；损害天下人的举止措施，而对一家人有利的，叫冤业。把产业作为事业，人们必然怨恨；把产业作为冤业，天就会毁灭它。"

历代失败的人，大多都败在无情操、无节俭上，这不得不使人警惕，何况，"悖逆事物而入的，也必定会悖逆而出"。一个人要想培养自己的高尚情操，首先要做到"如果不是属于我所有的，虽是一毫也不能取"。

宋凌冲任合山知县，有清廉的名声，一毫也不妄取，百姓称颂他的德行。任期结束准备回归时，宋凌波身边有一块砚池，他拿出来看看说："这不是我来时的东西。"于是命人还回去。这不正是"如果不是属于我所有的，虽是一毫也不能取"的最好例证吗？

治理百姓的官员，古代称为父母官，就是要服务于人民，而不是在人民之上作威作福、暴敛民财。所以，宋代张之才做阳城知县，离任辞行作诗说："一官来此四经春，不愧苍天不愧民。神道有灵应信我，去时犹似到时贫。"

寇准出任宰相30年，没有建造私房，清廉的名声显著，所以处士魏舒称赞他："做官居在高位处，却无地方起楼台。"

唐伯虎做诗说："钓月樵云共白头，也无荣辱也无忧；相逢话到投机处，山自青青水自流。"如果人人都能了悟"山自青青水自流"的境界，万事便不会求助于人。"百年随手过，万事转头空"，有什么可求？又有什么求不得？何必徒自贬抑，自招屈辱？陶渊明的诗中说："富贵非吾愿，帝乡不可期。"这就是自知自足。

节俭的人必定知足。吕坤说:"凡是在于我的,都是分内的,在内缺一分,便不能成人;在外得一分,就要知足。"做到了知足就能无人而不自得,无处而不自安。

贫而安于贫的人是富,贱而安于贱的人是贵;无求就是富,无求就是贵,自富其富,自贵其贵于内。

宋代的处士魏舒,隐居不做官,曾经做诗表露自己的心迹,诗中写道:"有名闲富贵,无事散神仙。洗砚鱼吞墨,烹茶鹤避烟。"宋真宗多次下诏书征召,他都不出任,并对来使说:"九重丹诏,休教彩凤衔来;一片闲心,已被白云留住。"皇上嘉奖他的志向,便不再征召他,魏舒最后老死在深山岩石之间。这就是自知自足,闭门一处,尽力修养内在的功夫。

7.快乐比什么都重要

子曰:"知之者不如好之者,好之者不如乐之者。"

——《论语·雍也》

范仲淹说:"先天下之忧而忧,后天下之乐而乐。"圣贤之人在我们的想象中总是忧国忧民的,而至圣先师孔子却是快乐的。下面,我们就来探求一下这位"温而厉,威而不猛,恭而安"的圣人的快乐源泉。

快乐源于兴趣爱好。孔子在音乐方面有着高深造诣,他听了《韶》乐以后,在很长时间内品尝不出肉的滋味,可见他欣赏古乐已经到了痴迷的程度，从中找到了无限乐趣。孔子主张寓学于乐，他说："知之者不如好之者，好之者不如乐之者。"主张在学习生活中培养兴趣爱好，进而成为一个快乐的人，成为"乐之者"。

(1)快乐源于心态豁达

孔子周游列国，形色匆匆，流落至郑，郑人谓子贡，孔子的神色"若丧家之犬"，子贡如实告之，孔子不以为意，反而朗然而笑："说我像丧家之犬，是这样，是这样！"这是这位老人风趣可爱的一面。孔子在鲁国以大司寇行摄相事，面露喜色，门人责问："君子祸至不喜，福至不忧。"孔子称是，对自己的态度解释说："我喜而笑，使下人也觉得尊贵，这样不好吗？"这也是孔子"己欲达，先达人"理念的注脚，是孟子"与人乐乐"的思想之源。

孔子说："知者乐水，仁者乐山；知者动，仁者静；知者乐，仁者寿。"虽游走于朝野，却心态平和，知性于动静，寄情于山水，古往今来，唯有孔子能达到这个境界。

(2)快乐源于内心充盈

孔子一生致于仕途，但除在鲁国为官数年外，一生颠沛流离于诸侯之间游说扬道。虽不能见容于诸侯，但孔子并不因此意志消尘，心态是极其健旺豁达的。孔子说："学而时习之，不亦说乎？有朋自远方来，不亦乐乎？人不知而不愠，不亦君子乎？"孔子的快乐并不拘于外物，也不在意别人知不知道自己的学问，而是求诸内心充盈实在。孔子不是不食人间烟火的神仙，但他认为用不正当的手段得来的富贵就像天上的浮云一样（"不义而富且贵，于我如浮云"），是不能给人带来真正的快乐的。他自己吃粗粮，喝白水，弯着胳膊当枕头，倒过得有滋有味（"饭疏食饮水，曲肱而枕之，乐亦在其中矣"）。

(3)快乐源于明道践志

《周易》曰："天行健，君子以自强不息；地势坤，君子以厚德载物。"这正是孔子一生的生命写照。孔子说:"君子坦荡荡,小人长戚戚。"他认为,作为君子,即使道不见容,志不能成,也能容人容己,坦坦荡荡,无愧于天地;而小人心胸狭窄,与人为难,与己为难,时常忧愁,局促不安,是没有快乐可言的。孔子当然也有忧心的事,他所忧心的是"德之不修,学之不讲,闻义不能徙,不善不能改"。

正因为孔子心胸坦荡、旷达乐观,所以他很长寿,享年73岁,在当时的社会条件下,也算是"得其寿"了。

8. 热爱学习的人不会感到无趣

子曰:"学而时习之,不亦说乎? 有朋自远方来,不亦乐乎? "

——《论语·学而》

孔子说:"学了又时常温习和练习,不是很愉快吗?有志同道合的人从远方来,不是很令人高兴吗?"但他又认为快乐不会无由来地获得,必须通过实践,通过交往来获取,所以他又说:"发奋忘时,乐以忘忧,不知老之将至。"这正体现出了孔子那种忘我投入,陶醉在自己兴趣爱好中,甚至把时间和所有烦恼都置诸脑后的豁达心态。

孔子认为,那些喜欢学习、善于积累知识的人是不会感到无聊的,因为即便是面对同一件事情,这些人也会比其他人更容易获得启示,更容易从中提取经验和教训,并用这些新得到的东西不断地充实自己的大脑。

也就是说，他们的每一天都会过得充实而快乐，因为对他们来说，最快乐的事情就是不断地学习新的知识和破解旧的谜题。在他们看来，世界充满了无穷无尽的未解之谜，这就好比一个植物学家进入了原始森林当中，哪里还有时间去觉得无聊呢？

如果每一天都以一种探索与发现的心情去面对，世界上或许就不会再有无聊的人了。

莱伯曼老人身材瘦长，脸上皱纹已深，下巴上留着一撮胡须，他虽已头发花白，看起来却精神焕发，衣着也很讲究。没有人会想到，这样的老人竟在80高龄时学起了绘画。

莱伯曼是在老人俱乐部里和绘画结下缘分的。那时，老人退休已有6年。他常到城里的俱乐部去下棋，以此消磨无聊的光阴。一天，女办事员告诉他，往常那位棋友因身体不适，不能前来作陪。看到老人的失望神情，这位热情的办事员便建议他到画室转一圈，还可以试画几笔。

"您说什么，让我作画？"老人哈哈大笑，"我从来没有摸过画笔。"

"那不要紧，试试看嘛！说不定你会觉得很有意思呢。"

在女办事员的坚持下，莱伯曼来到了画室，平生第一次摆弄起画笔和颜料。他很快就对绘画入了迷，周围的人也都认为这位80岁的老翁简直就是一个天生的画家。81岁那年，老人去听绘画课，开始学习绘画知识。

1977年11月，洛杉矶一家颇有名望的艺术陈列馆举办了题为"哈里·莱伯曼101岁的画展"。这位百岁老人笔直地站在入口处，迎接参加开幕仪式的400多名来宾，其中有不少收藏家、评论家和新闻记者。

老人说道："我不说我有101岁的年纪，而是说有101年的成熟。我要向那些到了60、70、80或90岁就自认上了年纪的人表明，这还不是生活的暮年。活到老，学到老，只要热爱学习，生活就永远精彩！"

大千世界，广阔宇宙，我们穷尽一生都无法全部掌握其中的玄奥之处。但重要的不是找到"为什么"的答案，而是寻找答案的过程，并在这过程中保持一个探寻的心态和活跃的思维。

离开学校并不意味着学习的结束，学习可以成为一种生活方式，帮助你发挥出自己最大的潜能。活到老，学到老，在学习中，总会有新的、有趣的东西等待我们去发现。

美国思想家富兰克林说过：读书使人充实。的确，读书是求知的过程。对于爱学习的人来说，读的书越多，他就会觉得自己懂得越少，因为知识的圈子面积增大，外缘也会增大，所以会有学海无涯之感慨。理解层次高了，对世界的看法也会更深入。

学习让生活充满趣味，能使你获得新体验——新体验是生活中最为激动人心的乐事之一。它能激活你的大脑，释放你的创新激情，这样，便能将你的思想从按部就班的焦虑中解放出来。

当学习带领你走进未知时，你将收获一笔更大的知识财富。你可以扩展自己的思维极限，你学得越多，想知道的也就越多，每一个新发现都将引领你到另一个刺激的挑战中去。

学习能使你体验到多种情趣——多样性是生活的调味品，至少好奇一族是这样理解的。没有比重复更无聊的事了，当你让好奇心引领自己步入新方向时，你就已经将多样性添加到生活中去了。

学习可以扩宽人们的视野，加深他们对周围事物的理解。

法国哲学家帕斯卡说过："人是会思想的芦苇。"人们从出生到死亡，都在探索着未知世界，只不过哲学家、作家等思索得更深，探索得更广。事实上，这种探索源于人们对世界的好奇心。终其一生，你越是好奇，就将开启越多的可能性。通过各种立场、脉络和视角来观察我们生活的世界，还有比这更有趣的事吗？

9.心情愉快能提高人的免疫力

子曰："知者乐水,仁者乐山。知者动,仁者静;知者乐,仁者寿。"

——《论语·雍也》

孔子认为,人的道德修养是儒家养生的最大特点。"仁者寿",就是具备仁德之心的人才会长寿。因为道德高尚的人,做事问心无愧,乐于助人,没有心理负担,时常感到内心的快乐。现代心理学家认为,心情愉快能提高人的免疫力。免疫力高,生病的几率就小,寿命自然会延长,这是很有道理的。

疾病乃是人生之大苦,但有人却以豁达的心态,从病痛里滤出了快活的滋味。苏东坡一向乐观,因偶然得病,悟出了连生病都不是糟糕透顶的事情:"闭门野寺松阴转,欹枕风轩客梦长。因病得闲殊不恶,安心是药更无方。"说得何等洒脱直率!

著名诗人臧克家,晚年对于病痛的折磨也不屈服:"老来病院半为家,苦药天天代绿茶。榻上谁云销浩气,飞腾意马列无涯。"依然是满腔的豪气。臧老的夫人郑曼更是佩服地说:"他是个心量很宽的人,否则也活不到这样的高寿。"

18世纪德国作家诺瓦得斯说:"病是教人学会休息的女教师。"钱钟书认为:"精神的炼金术能使肉体痛苦变成快乐的资料。"毛泽东对待病痛是"既来之,则安之"。他们在病魔面前都表现出了一种坦然、积极的态度,所以他们也从中获得了一种清闲与休息。

人吃五谷杂粮,哪能不得病?病是一个人生活中乃至生命历程中的一种非常状态。生病自然是痛苦的,可有的人一看自己有病便惶惶不可终日,甚至疑神疑鬼,把小病看成不治之症,那未免有点惊弓之鸟。

有一位老人曾被医院诊断出患了某严重疾病。回到家后,他自暴自弃,不肯吃饭,也不肯与亲人好好交流,没过几天便奄奄一息了。家人见他如此,只好又将他抬到另一家有名的医院。医生听闻家人的叙述后,轻描淡写地告诉老人,他的病情并不严重,只需吃些中药略加调理,再配合一些日常运动便可。听完医生的建议,这位老人立即喜笑颜开,早晚配合治疗,数月之后居然红光满面,压根看不出有大病过的迹象。

只要我们能够以平和的心态对待疾病, 疾病便不会纠缠我们太久。一个人患病后,思想上自然会产生许多顾虑和苦恼,以致不思饮食,夜不能寐,甚至出现破罐破摔的绝望情绪,这种绝望情绪对人的打击,有时甚于疾病本身。古代医家称:"忧愁悲喜怒,今不得其次,故令人有大病矣。"又说:"精神内守,病安从来?"这些都说明精神作用对疾病的影响是何等的重要。

"谁要是能够对悲哀一笑置之,悲哀也会减弱它咬人的力量。"历尽人世沧桑的莎翁,在尝试了种种对抗哀伤的方法之后,最终选择了微笑这一武器。有些灾难病痛是人力所难以左右的,此时与其呼天抢地、悲痛欲绝,让灾难进一步逞威肆虐,摧残我们的心灵,不如乐观坚强地面对不幸,笑对病痛,不让愁云惨雾压摧我们心中那片生机和盎然春意。

2000年,一本癌症患者在生命中最后的日子里书写的《生命的留言》震撼了所有人。

书的作者陆幼青毕业于华东师范大学中文系, 后来从事广告业,用他的话来说："自己没有长着一张出类拔萃的漂亮面孔，个性平和……"但就是这样一位平凡的普通人，却在生命最后的100天里，书写出了心灵深处的真实告白——"死亡日记"，向身边每一个活着的人讲述自己对生的感悟。

"我希望能把我的文字带给另一些人，那些在我们身边，还在苦苦地跟癌症作战的人。"在生命的最后一段行程中，陆幼青不愿意"默默地、全然静止地"等待着死神的召唤。"我要将死亡的过程袒露出来。但这不是袒露死亡降临的恐惧，更多的是探讨活着的价值，让所有癌症病人关注生的意义。"

此刻，癌症已完全改变了陆幼青的身体，但面对这一切残酷的现实，微笑依旧挂在陆幼青的嘴角边。"生命的开始无法控制，生命的消失依然无法掌握，人应该比较清醒地面对死亡的到来。"

面对病痛，恐惧和担心都没有用，也逃避不了。既然不能逃避，不如乐观地迎上去，勇敢地接受它的挑战，用一种积极的生命态度在身体和精神上进行自我修复，做到只要有一息尚存，就不言放弃。健康不仅是一种生命的体征，更是一种积极的生活态度。

人难免患病，有病并不可怕，正确的态度是：一不讳疾忌医，"有病早治，无病早防"，小病小治，大病大治；二要情绪乐观，"既来之，则安之"。消极的情绪可以致病，而乐观的情绪却可以治病。目前，有些病采用心理疗法取得了不错的效果，尤其是一些慢性病患者，如果他们性格顽强、情绪乐观，便可减轻病痛，有利于治疗。

冰心说："在快乐时，我们要感谢生命，在痛苦中，我们也要感谢生命。快乐固然兴奋，苦痛又何尝不美丽？"生命是一束纯净的火焰，面对病痛，我们依靠自己内心看不见的太阳支撑着生命。

病痛有时是一种财富，一种精神财富。当你在痛苦的缝隙里找到阳光和快乐,你就会长成挺立在天地间的一株参天大树;病痛就像是生活的调味剂,让人最大程度地挖掘自身的毅力,成为生活的强者。只有经历了病痛的磨砺,你才能更深刻地体会快乐生活的真谛。

延伸阅读:

孔子的修身养生之道

孔子不仅是伟大的思想家、教育家,还是一位修身养生学家。

首先,孔子对饮食卫生、食品安全提出了要求,他说:"色恶不食,臭恶不食,鱼馁而肉败不食,不时饪不食,不时不食。"即食物变色了不食,变味了不食,不是刚刚烹饪的不能吃,鱼肉不新鲜也不能吃,不到进餐的时间不吃,用餐要按时定量。孔子还说"唯酒无量,不及乱",饮酒要自我控制,适量而不为乱,乱就是失去常态,会影响健康。这些要求完全符合世界卫生组织提出的现代科学卫生"合理膳食、戒烟限酒、适当运动、心理平衡"16字诀健康基石的基本原则。可见,孔子的养生观是科学的。

孔子的中庸之道被世人奉为修身养生的至高境界。人在生活和处事中做到不寒不热,不湿不燥,不饥不饱,不卑不亢,不骄不馁,不狂喜不愠怒,不忧伤不耽乐,不仇富不安贫,不逞强不示弱,不争先不恐后,无太过无不及,不高腔不低调,不争长不论短,保持平和的心态和愉悦的心情,就能达到心理平衡、胸襟开阔、祛病驱邪、益寿延年之效果。此乃养生修身之大道。守中庸、致中和、阴阳调合、气血畅通、允执其中、平和中正、天人合一、人际和谐、怡乐雍容。

"一箪食,一瓢饮,在陋巷,人不堪其忧,回也不改其乐。贤哉,回也!"孔子对颜回在逆境、困顿中仍保持乐观,甚为赞赏,说明孔子是一个逍遥自在的乐天主义者,他乐天知命,修养有素。

孔子的道德哲学、养生观念影响了中国两千多年，对中国人的人格铸造、道德观念的形成，产生了不可低估的作用。他所说的"士不可以不弘毅，任重而道远"，按朱熹注称："弘大刚毅，然后能胜其任而致其远。"曾子曰："吾日三省吾身，为人谋而不忠乎？与朋友交而无信乎？传不习乎？"反躬自省是很高的道德修养，是他"反求诸己"的本初心路。他为人谋而求忠，与朋友交而求信，实践他所传承。守忠信、重实践是他自省的主旨。孔子还为所谓君子制定了3条基本道德规范："仁者不忧，知（智）者不惑，勇者不惧。"如何才能到智、仁、勇三者的标准？孔子曰："好学近乎智，力行近乎仁，知耻近乎勇。"弘毅、忠、信、智、仁、勇是孔子道德修养的核心，我们学习先哲应取这种态度。

1988年，75位诺贝尔奖得主在巴黎集会，发表联合宣言："人类要在21世纪生存下去，必须要从两千多年前的孔子那里寻找智慧。"我们尊崇孔子的德行，吸取他的智慧，就要遵循其嘉言懿行，躬行实践，做一个忠、信、智、仁、勇、弘毅的人。